高等学校

観点別評価入門

八田幸恵＋渡邉久暢 著

学事出版

はじめに

本書の筆者と読者が共通に関心をもっているのは、高等学校（以下、高校）における「観点別評価」をいかに実施するかという点です。ただし、本書の意図は、現行の「観点別評価」を是として、それを実施するノウハウを伝達することにはありません。そうではなく、現行の「観点別評価」を対象化してその是非を検討し、さらに教育評価の理念や方法に関する所論を整理して提示することで、現行の「観点別評価」をいかに教育評価の理念に沿って実施できるか、その方針を示すことにあります。加えて、読者の先生方に対して、「観点別評価」をいかなる方針で実施するのか自己決定を促すことにあります。

しかし「観点別評価」を実施する方針について、読者である先生方に明確なメッセージを受け取ってもらうことは、かなり難しいことでもあります。その理由のうちの最も大きなものは、評定と評価が混同される点にあります。高校では長い間、本来異なるはずの評定と評価が混同され、しかも評定の論理が評価を侵食してきました。用語としても評定と評価が区別されず、評価という用語を用いながら評定がイメージされていることもしばしばあります。

加えて、評価に限らず教育活動について議論する際には、先生方が使う現場用語、教育行政が使う行政用語、そして研究者が使う研究用語が混在します。先生方が使う現場用語は、生徒や保護者といった教育の非専門家と日常的に対話する過程で作られる側面があり、日常用語と連続性をもっています。したがって先生方の立場から見ると、評価のあり方について考えるとは、日常生活に基盤をもつ現場用語を使って行ってきた実践経験を踏まえて、行政が使う行政用語を通して教育改革の動向を把握し、さらには評価研究者が用いる評価研究用語を習得しながらその動向の背後にある理論を理解した上で、いかなる評価を実践すべきかについて考えるということになります。

このように複雑であり負荷が高い活動の成否を、読者の努力に任せておいていいとは思えません。そこで本書では、読者が現場用語、行政用語、そして評価研究用語を行き来することができるよう工夫して執筆していくことにします。

また読者の先生方に対して自己決定を促すために、一見すると矛盾するようですが、筆者たちの立場は明確に示します。ただし、たとえば「主体的に学習に取り組む態度」を評価する方法について提案したりする際には、筆者たちの立場に立ったときに採用すべき評価方法のみを示すというのではなく、できる限り見渡して現在現場で実践されている評価方法を分類整理し、理由を示してその中から望ましいものを提案するといったような書き方をしています。さらには、筆者たちが高校現場で受けてきた質問を積極的に本文中で取り上げ、応答するようにしています。

このような書き方は、読者の先生方にとってはともすると煩わしく思われるかもしれません。わかりやすく「正解」を示した方がいいのかもしれません。しかし筆者たちは、このような書き方をすることで、現場の先生方、行政の担当者、評価研究者が互いに意思疎通するための土台、そして現場の先生方が自身の評価観に対する自覚を高めて互いに噛み合った議論をするための土台をつくることを目指しています。本書が、多様な立場に立つ多様な考えをもった人々による議論を耕し、また読者一人ひとりが自身の評価観を構築することに寄与することになれば幸いです。

最後に、学事出版ならびに担当の二井豪氏には、本書の企画から刊行に至るまで多大なご支援をいただきました。ここに記して感謝申し上げます。

2023年8月　八田幸恵・渡邉久暢

目次

第3章　観点ごとの評価の場面・頻度と方法

第1章

「観点別評価」とは何かと問う前に

1 評定の「客観性」「公平性」「説明責任」をめぐって

(1)「観点別評価」をめぐる漠然とした不安感情を取り除く

高校現場では、「観点別評価」を導入することで「客観性」「説明責任」「公平性」が損なわれるのではないか……という漠然とした不安の声をよく耳にします。正確には、「客観性」「公平性」「説明責任」とでも呼ぶべき何かが損なわれるような気がするけど何が損なわれるのかよくわからない、それが不安だ、ということかと思います。「観点別評価」がどういったものであれ、漠然とした不安ばかりが先立つと、それを冷静に検討することができなくなります。

そこで本節では、「客観性」「公平性」「説明責任」という現場用語で求めている内容を明確にすることによって、「観点別評価」に関して懸念されている点を浮き彫りにします。

注意しておきたいのですが、本節の目的は不安の正体を明確にすることで漠然とした不安感情を取り除くことです。もし、本節を読むことで「やはり評価は難解だ」「ついていけない」「評価を正しく実践できるのか不安」といった不安感情がむしろ大きくなってしまうならば、第2節に進んでくれて構いません。

(2) 現場用語「客観性」「公平性」「説明責任」で求めている内容

筆者たちの経験では、現場用語の「客観性」「公平性」「説明責任」は同じような意味で使われているものの、最も意味が広いのは「客観性」で、「客観性」→「公平性」→「説明責任」の順に意味が狭くなっていきます。最も広い「客観性」は日常用語に限りなく近い現場用語であり、「独りよがりではない」くらいの意味で用いられています。「公平性」という現場用語は「客観性」より狭く、「誰に対しても平等で偏りがない」「特定の生徒にとって有利／不利に働かない」という意味で用いられています。「説明責任」は「公平性」とほぼ同様の意味で用いられているものの、「公平性」にプラスして、「判断の根拠を示すことができる」という意味が加わります。したがって、現場用語の「説明責任」は、「誰に対しても不公平感を抱かせることなく、根拠を伴った納得のいく説明ができる」という意味で使われていると言えます。

先生方の議論をよく聞いていますと、「客観性」「公平性」「説明責任」という現場用語で求

図1　「公平性」「説明責任」「客観性」という現場用語で求めている内容の分類（筆者作成）

現場用語の「公平性」

現場用語の「説明責任」

①成績処理・評定値算出の透明性	評定値を算出する手続きは一律平等か
②評価結果の一貫性・安定性	誰がいつ採点しても一貫した結果が得られるか【信頼性】
③評価結果の尺度化	平均値を原点としたとき、そこからのどのくらいの距離があるか 集団の中での相対的な位置関係はどうか【標準化】 カリキュラムや授業実践で想定されていた目標にどの程度到達しているのかが明確か【基準の設定】
④評価の方法や機会の公平性・公正性	評価の方法や機会に偏りがないか【公平性】 評価の方法や機会が、マイノリティの生徒たちや特別なニーズをもつ生徒たちにとって不利になっていないか 評価の方法や機会が、社会的不平等を助長していないか【公正性】
⑤評価課題の適切性	評価課題は、意図した内容の評価として適切に機能しているか【妥当性】

現場用語の「客観性」

めている内容は、さらにいくつかの異なる内容に分類することがわかってきます。そこで図1のように、「客観性」「公平性」「説明責任」という現場用語で求めている内容を分類・整理してみました。【　】には分類された内容に対応する評価研究用語を示しました。

図1に基づいて、少し詳しく見ていきましょう。①成績処理・評定値算出の透明性については、「客観性」「公平性」「説明責任」という現場用語で、「評定値を算出する手続きは一律平等か」が求められています。ここでいう評定値とは、指導要録や通知表の「評定」欄に記入する数値のことです。たとえば、生徒に対してなされてきた「2年生3学期の数学の成績評定は、定期テスト：平常点＝8：2でつけます。あなたは、中間テストは65／100点、期末テストは62／100点、平常点はこのようなエビデンスで15／20点です。(65＋62) ÷2×0.8＋15＝65.8となり四捨五入して66、つまりあなたの素点は66／100点になります。50〜79の幅の中にある素点は、5段階評定での評定値に変換すると3になると学校全体で決まっています。したがってあなたの評定値は3です」といった説明に見られる、すべての生徒や保護者が不公平感をもつことなく納得するような評定値算出の手続きに従っているかということです。「観点別評価」を導入しますと、各教科の評定値を算出する際に「知識・技能」「思考・判断・表現」「主体的に学習に取り組む態度」それぞれの評価結果を合算する一律平等な計算式が用意され

ており、校内のすべての教師がそれに従っているかどうかということが、「客観性」「公平性」「説明責任」といった現場用語で求められるのでしょう。

②評価結果の一貫性・安定性については、現場用語の「客観性」「公平性」「説明責任」で求めているのは、「誰がいつ採点しても同じ結果になるか」という内容です。高校では、正誤だけでなく部分点の採点基準まで統一し、採点者が変わっても、あるいは同じ採点者が時間を置いて同一答案を採点しても同じ結果が得られるようにしていることが多いです。

次に、そうやって得られた結果がたとえば65点だったとすると、その65点がどの程度のでき具合だと判断すればよいのか、その判断に用いる物差しをつくる必要が出てきます。これが③評価結果の尺度化です。

③評価結果の尺度化に関しては、「客観性」という現場用語が最も用いられているように思います。高校では「客観性」という現場用語を通して、次の二つのことを行っているでしょう。一つは、「同テストを受験した集団の平均得点は何点であり65点は平均得点からどのくらい高い／低いのか、集団の中で個々人の得点はどのように分散しており65点はどの位置にいるのか」を把握することです。これはつまり、平均得点を原点としたときの原点からの距離で尺度を構成し、集団の中での相対的な位置関係によって評価結果の判断を行うということです。も

う一つは、カリキュラムや授業実践で想定されていた目標を絶対的な規準として、それをどの程度達成しているのかを把握することです。

④評価の方法と機会に関しては、「公平性」という現場用語が最も用いられています。高校現場では、この用語を通して、定期テストの受験者ができる限り同一条件でテストを受験できているかどうかが問われます。たとえば、「一つのクラスはテストだがもう一つのクラスはレポート課題といったように、それぞれの生徒たちが受ける評価の方法に偏りがないか」「テスト作成者によって出題範囲や難易度が大きく変わったりしていないか」「校外研修に参加していた生徒たちだけが定期テストを受けられないといったように、評価を受ける機会にも偏りがないか」ということです。高校現場では多くの場合、生徒たちが同一条件で定期テストの受験ができるよう、同一問題、同一時間、一斉実施という形態で定期テストが実施されています。しかし「観点別評価」を導入しますと、授業中の観察も含めた多様な評価方法が推奨されますので、評価の機会と方法が平等ではなくなるのではないかと懸念されているのでしょう。

最後に、「客観性」とは呼ぶけれども「公平性」「説明責任」とは呼ばない内容として、⑤評価課題の適切性を挙げることができます。高校では「客観性」という現場用語で、「この問題で測りたい資質・能力を測ることができているのか」「この評価課題は、意図した内容の評価として適切なのか」ということを確認している場合があります。

(3) 対応する評価研究における諸概念

以上の内容に対応する評価研究における概念を一部紹介しましょう。①成績処理・評定値算出の透明性に関しては、第2章で言及します。

②の評価結果の一貫性・安定性を確認することを求める概念は、評価研究では「信頼性(reliability)」と呼ばれます。

③評価結果の尺度化に関して、集団の中での相対的位置づけによって尺度化を行うことは、「標準化(standardization)」と呼ばれます。それに対して、目標を絶対的な「規準(norm)」としてその達成度によって尺度化を行うことは「基準の設定(standard setting)」と呼ばれます。

④の「評価の方法や機会に偏りがないか」を確認することを求める概念は、評価研究の世界でも「公平性(equality)」と呼ばれます。ただし、方法や機会の平等が確保されているからといって結果まで平等だとは限りません。保護者の社会階層をはじめ生徒のバックグラウンド

と成績に相関関係（因果関係ではなく）があることはやはり事実であり、それぞれの生徒が並んでいるスタートラインは違っています。また、生まれもった特性によって得意な方法に偏りがある生徒が皆と同じ方法で評価を受けなければならないことは、その生徒にとって不利益になります。そこで最近では、「評価の方法や機会が社会的不平等を助長していないか」を確認することを求める概念として、「公平性」を発展させた「公正性（equity）」を用いることもあります。

日常的には、②評価結果の一貫性・安定性と④評価の方法と機会の公平性・公正性とは混同されることが多くあります。2019～2020年にかけて、大学入学共通テストが記述式問題と英語民間試験の導入を予定していることをめぐって、広く世論を巻き込んだ議論が起こったことは記憶に新しいでしょう。世論は、記述式問題の採点基準や採点結果が採点者間でズレる可能性がある点、および英語民間試験を受験できる回数が地理的条件や家庭の財政状況に左右されるという点を、同じ「公平性」という用語で問題視しました。しかし、評価結果が一貫・安定しているかを確認すること（「信頼性」）と、評価の方法や機会に偏りがないかを確認すること（「公平性」「公正性」）は異なります。前者はある程度までは技術的な問題として解決が可能かもしれませんが、後者はそうはいきません。

しかしながら、解決が難しい問題が生じるからといって「公平性」を過度に重視すると、同一条件の確保を目指して、テスト実施側も受験生側も異常なほどのマニュアルに束縛されるといった評価場面の儀式化が起こります。たとえば大学入学共通テストのように。儀式的な評価場面で評価できる資質・能力には明らかな限界があり、思考する力や対話する力といった状況や文脈に応じる資質・能力は評価しにくくなります。また、「信頼性」を過度に重視した場合も、評価できる資質・能力に限界が生じます。

そこで、「この問題で測りたい資質・能力を測ることができているのか」という問いをもつ必要性が生まれます。⑤の評価課題の適切性を問う概念は、「妥当性（validity）」と呼ばれます。

⑷「観点別評価」をめぐる懸念の整理

本節の目的は、「観点別評価」に関わる懸念を明確にし、「観点別評価」に関わる漠然とした不安感情を取り除くことでした。そこで、ここまで述べてきたことを踏まえて、「観点別評価」に関わる懸念の中身を、「客観性」「説明責任」「公平性」という現場用語やそれに対応する評価研究の概念も使わずに整理してみましょう。そうすると、以下のようになるでしょう。

（A）各教科において「知識・技能」「思考・判断・表現」「主体的に学習に取り組む態度」の評価結果を合算する計算式を用意して、校内の教師全員がそれに従う状態を確保しないと、各教科の「評定」欄における評定値や、「総合評定」欄における評定値を算出する手続きが一律平等ではなくなる。その結果、生徒や保護者に不公平感を生じさせてしまうのではないか。

↓第2章へ

（B）「思考・判断・表現」や「主体的に学習に取り組む態度」といった資質・能力を評価するために、その評価に適した多様な評価課題を多様な場面に採用しなければならない。そうすると評価の方法や場面・頻度が平等ではなくなるのではないか。

↓第3章へ

（C）「思考・判断・表現」や「主体的に学習に取り組む態度」といった資質・能力については、目標の達成度を正確に表現することが難しくなり、誰がいつ採点しても同じ結果が得られるわけではなくなるのではないか。
↓第3章へ

（A）～（C）は、高校の先生方がもっている「観点別評価」に関わる懸念であり、「観点別評価」を導入することで生じるとみなされている主要な困難点です。続く第2～3章において、（A）～（C）の困難点を乗り越える際の方針を示していきます。もちろん、これらの困難点を乗り越えるべき困難点とみなすことが適切かというところから論じます。

2 評価とは何か

(1) 評定と評価、評価の証明機能と指導機能

「観点別評価」について本格的に論じる前に、評価の理念について今一度確認しておきましょう。そもそも評価とは何でしょうか、何のために評価するのでしょうか。

「はじめに」で触れたように、評定と評価は違います。評定とは、生徒の学習活動の実態を可視化してリアルに把握し、その最終的なでき栄えや良し悪しを判定し値踏みする行為です。それに対して評価とは、生徒の学習活動の実態を可視化してリアルに把握することを通して、教育活動の良し悪しを評価することであり、教師の教育活動と生徒の学習活動の改善を目指す行為です。

こう説明しても、両者の違いがあまりピンと来ないかもしれません。生徒の学習活動の実態を可視化してリアルに把握し、それをいかして途中で教育活動と学習活動を改善するのか、そ

れとも最終的なでき栄えとみなして終わるかの違いであって、たいして変わらないのではないか、評価に基づいて評定が行われるという理解でいいのではないかと。

しかし、評定と評価は実際には大きく異なります。評定は、クラス編成やコース編成、進級判定、指定校推薦の校内選考、入試の合否判定、そして奨学金の交付者決定といった、生徒たちの処遇を決定したり、生徒たちを序列・選別したりする文脈で用いられます。したがって、良し悪しの判定には、「他人と比べる」「大勢の中からすぐれた者を選ぶ」という判定が入り込む傾向にあります。また、生徒たちの処遇の決定や選抜は一人の教師ではなく多数の利害関係者（ステイクホルダー）を巻き込んで行うことであり、何より生徒本人にとって利害が大きい意思決定ですので、評定の正しさをステイクホルダーに対して証明することが求められます。この文脈で働いている、生徒の学習活動の実態について外部の他者に対して明確に証明するという機能は、評価の証明機能と呼ばれます。

それに対して評価とは、教育活動を行っている教師が自身の教育活動の改善にいかすという文脈で行われます。その際、必ずしも評定を前提とはしません。そもそも教育活動とは、目の前の生徒たちにこんな大人になってほしいという願いをもち、そのためにこのような内容を習得させてこのような資質・能力を身に付けさせようという教育意図＝目標を設定することから始まります。したがって、教師が主体的に目標を設定していれば、ごく自然な流れとして、授業を通してその目標が実際にはどの程度達成されたのかを把握しようとするはずです。教育活動と評価はもともと一体化しているのです。したがって、評価の方法もテストである必要はなく、教師による観察や生徒による発表など多様な評価方法が考えられます。この文脈で働いている、教師の教育活動と生徒の学習活動の改善を促す評価の機能を、評価の指導機能と呼びます。

(2) 教師が主体的に目標を設定することの重要性

改めて言うまでもなく、学校教育の目的は生徒たちの序列・選別ではなく、すべての生徒たちに対して必要な資質・能力を育成することにあります。評価の証明機能より指導機能の方が、学校教育の目的に合致した機能です。しかし実際には、評価の指導機能よりも証明機能の方が強く働いてしまったり、評価が評定にとって代わられたりしてしまいます。

そのことは様々な問題を引き起こすのですが、最大の問題は、教師が目標をもっていなくても授業ができてしまうという点でしょう。評定とは、教師がどのような教育活動を行ったかについては不問に伏した上で、生徒の学習活動の実態を可視化しその良し悪しを判定し値踏みする行為です。教師が評定行為に慣れてしまうと、どのような資質・能力を育成するためにどのような内容を教えるべきなのかと主体的に考え判断することがなくなっていきます。そして教師が目標をもたずに授業をすると、単にどの生徒が良くできるのかを判定するという評定を実行することになってしまいます。まさに悪循環です。この悪循環を断ち切るためには、教師が主体的に目標を設定する必要があります。「評価の前にまず目標」です。

また、目標・内容に関してこそ「客観性」を追求すべきです。筆者は前節において、「客観性」という現場用語は「独りよがりではない」という程度の広い意味であると述べました。また、「客観性」という現場用語で、「この問題で測りたい資質・能力を測ることができているのか」「この評価課題は、意図した内容の評価として適切なのか」ということを確認している場合があると述べました。このこと自体は大事なことです。測りたい資質・能力を測ることができない問題であれば、評価結果を踏まえて教育活動を改善することはできません。

しかしながら、本当に評価課題が「独りよがり」ではない状態をつくろうとするならば、そもそも測ろうとしている資質・能力は自身の授業で生徒たちに育ててきたものなのか、仮に育ててきたとしてその資質・能力を育てることに合意があるのか、この資質・能力を育てるためにこの内容を教えようという自身の判断は独善的・恣意的ではないかと検討する必要があります。評価の前にまず目標について「独りよがり」ではないかと問うべきです。

目標・内容について合意すべきステイクホルダーには、生徒、保護者、地域住民、大学入試の作成者、教育行政機関、関係諸機関、広く社会で暮らす人々まで含められます。このうち、教師が最も合意を形成しなければならない相手は、目の前の生徒でしょう。目の前の生徒に対して、日常の教育活動の中で（たとえば年度の授業開始日、各単元開始時、そしてテストの返却時に）、どのような大人になってほしいと願っているのか、そのためになぜこの内容をこのように教えるのか、この内容を習得することでどのような資質・能力が育つのか、その資質・能力にはなぜ価値があるのか、どのような生徒の姿が見られたらその資質・能力をどの程度身に付けていると判断できるのかについて、自身の専門性に基づいて説明と対話を積み重ねることが必要です。

このような目の前の生徒たちに対する説明と対話の積み重ねは、教師自身の教育活動と生徒の学習活動の改善に直結するでしょう。教育活動が「独りよがり」にならないよう先生方が行うべきことは、教科指導の専門家として主体的に目標・内容を設定し、まずは教室の内部で生徒たちに対して自身の判断を公開することです。その先に、教室の外部にいる多様なステイクホルダーを巻き込んだ教育活動の改善や、多様な外部の他者に対する証明があるはずです。

(3) 生徒の学習観と評価観の転換

主体的に目標を設定し、その実現状況を把握することで活動の改善へとつなげるという評価観へと転換することは、生徒たちにとっても必要です。

先生方も日々その対応に苦慮していると思いますが、生徒たちの中には、「手抜き勉強」「間に合わせの勉強」「一時しのぎの勉強」である「ごまかし勉強」をする生徒がいます。「ごまかし勉強」と命名しその実態を広く知らしめた藤沢伸介氏によると、「ごまかし勉強」をする生徒は、次の五つの項目をもつ学習観（学習とはこんなものだという学習の仕組みに対する考え方）をもっています。すなわち、①学習範囲の限定―多くのことをわかろうとするのではなく、学習範囲をできるだけ減らそうとする。②代用主義―要点整理や暗記カード作りを自分でやらずに、他人のを利用する。③機械的暗記志向―意味を理解しようとせずに、機械的に覚えて済まそうとする。④単純反復志向―学習法を工夫せずに、ただ繰り返して量をこなそうとする。⑤過程の軽視傾向―自分の解答が正解かどうかだけに関心があり、誤りの原因や別解などに関心がない。

藤沢氏は、「ごまかし勉強」をしてもテストで良い点数を取ることができたという成功経験をすると既存の学習観が強化され、さらにその後はまたテストを乗り切るという労役として学習するという悪循環が起こると指摘しています（藤沢、２００２）。

「ごまかし勉強」をする生徒にとって、評価とは、単なるでき／不できの結果判定であり、個々の生徒を値踏みをしたり烙印を押したりする行為であると捉えられているでしょう。したがって、定期テストの点数に過度に固執し、テストの結果から学ぼうとしません。さらには、授業中に教師が発問して答えさせたりワークシートに記入させたりして生徒たちの理解状況を確認しようとする場面においてさえも、間違っているのではないかと恐れたりわかっていないことを隠したりすることがあります。

生徒がこのような学習観や評価観をもっている限り、教師がいくら自身の教育活動を改善したところで生徒の学習活動は改善されません。このような学習観や評価観をもつ生徒は、教科の重要な資質・能力どころか受験学力さえ十分には身に付かないでしょう。ましてや、自分で自分の学習の目標を立て、その目標の実現を目指す長い学習過程を調整するような、学習主体や評価主体になることはできないでしょう。

そもそも高校の目的は、学校教育法第50条にあるように、「中学校における教育の基礎の上に、心身の発達及び進路に応じて、高度な普通教育及び専門教育を施すこと」にあります。そして続く第51条には、この目的を達成するための目標が、次の三つに整理されて掲げてあります。すなわち、「一　義務教育として行われる普通教育の成果を更に発展拡充させて、豊かな人間性、創造性及び健やかな身体を養い、国家及び社会の形成者として必要な資質を養うこと」「二　社会において果たさなければならない使命の自覚に基づき、個性に応じて将来の進路を決定させ、一般的な教養を高め、専門的な知識、技術及び技能を習得させること」「三　個性の確立に努めるとともに、社会について、広く深い理解と健全な批判力を養い、社会の発展に寄与する態度を養うこと」の三つです。

以上三つをまとめますと、高校の目標とは、国家と社会の形成者として必要な資質および社会を発展させるための健全な批判力をすべての生徒に養うとともに、生徒自身が個性に応じて進路を決定したり個性そのものを確立したりすることに努めさせるということです。高校とは、生徒たちを被教育者・被評価者の立場から抜け出させ、学習主体・評価主体になるよう励ましていく場所なのです。

(4) 評価の四つの立場と本書の立場

ここまでの記述の前提になっている筆者たちの立場をより明確にするためにも、本章の最後に、評価の立場について確認しましょう。評価の立場は、評価の規準をどこに置くのかによって、①相対評価、②戦前型絶対評価（認定評価）、③到達度評価、④個人内評価の四つに分けられます（図２）。

①〜④には「目標に準拠した評価」という用語も「観点別評価」という用語も入っていません。「目標に準拠した評価」「観点別評価」は評価研究用語というよりも教育行政用語であり、その内実は時代や現実化した制度によって揺れ動いてきました（第２章で詳述）。これらの用語は、必ずしも明確な評価の立場を示しているわけではありません。

①相対評価

相対評価は、集団標準に規準を置いた評価の立場です。すなわち、ある集団の中での相対的な位置・序列によって、他者との比較で評価するということです。前節で述べたように、高校では、同テストを受験した集団の平均得点を原点としそこからの距離で評価結果の解釈を行う

図2　評価の四つの立場と本書の立場

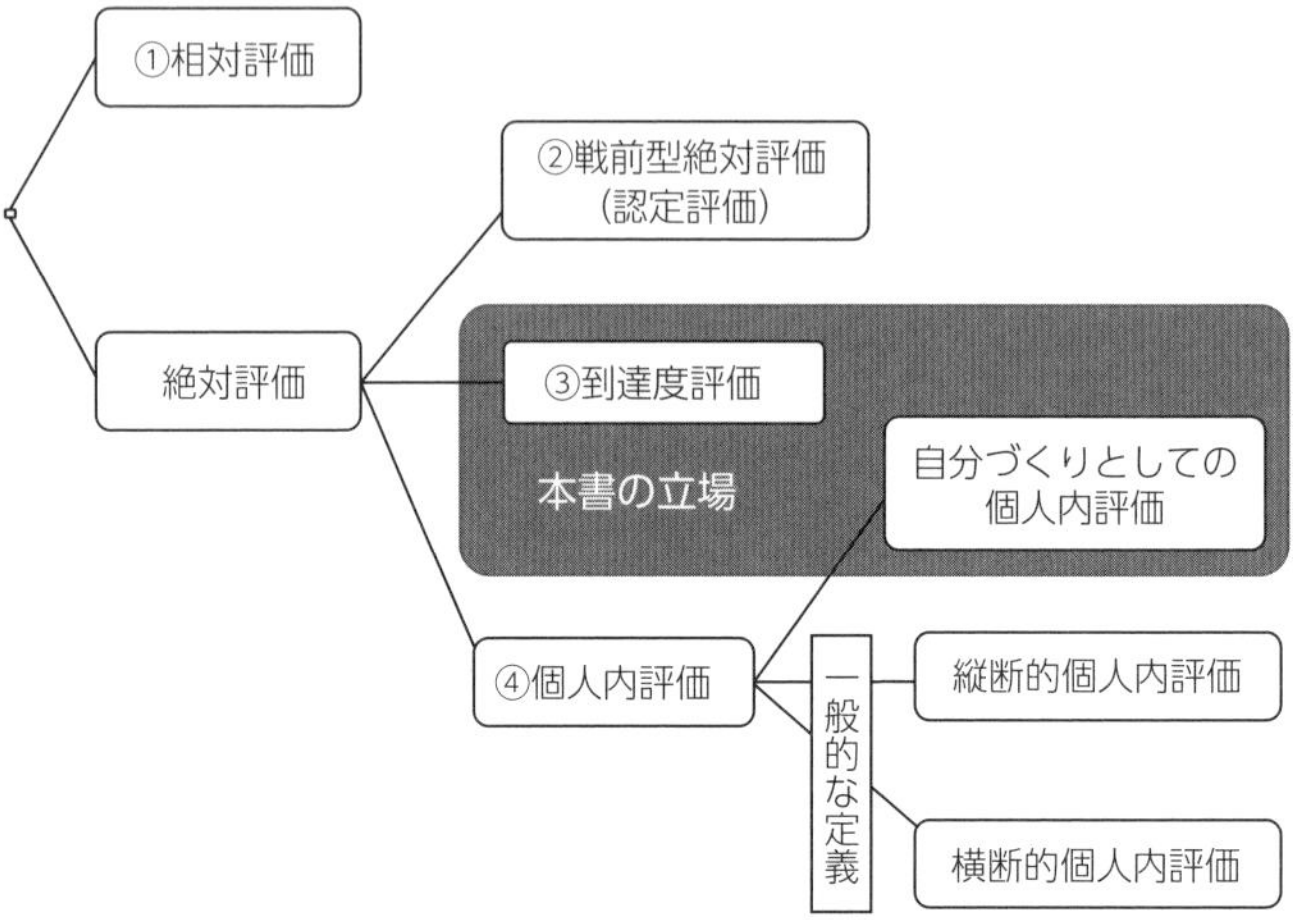

という形で相対評価を行っていることはよくあります。相対的な位置・序列の仕方に関して、評価・評定される生徒集団が大規模である場合には、正規分布曲線（偏差値の算出において想定されている点数分布の曲線）が使用されることもあります。

相対評価は、「上から○人を合格させる」といった定員の決まった選抜には非常に適しています。したがって、評定には相対評価の論理が入り込む傾向にあります。しかしながら、相対評価を日常の教育活動で用いることに関しては、次のような難点が指摘されています。それはすなわち、必ずできない子どもがいることを前提とする非教育的な評価である、排他的な競争を常態化させ「勉強とは勝ち負け」とする学習観を生み出す、集団における位置関係はわかるが学力の実態がわからない、そして子どもの学習活動を改善するために教師の教育活動を改善するという発想をもつことが極めて難しいといった点です。評価とは教育活動と学習活動の改善を目指す行為ですので、相対評価を評価の有力な立場とみなすことは難しいです。

②戦前型絶対評価（認定評価）

相対評価に対して、絶対的な規準をもつ評価をすべて絶対評価と呼びます。ただし絶対評価は、絶対的な規準をどこに置くかによってさらに三つの立場に分けられます。そのうちの一つである戦前型絶対評価（認定評価）とは、絶対的な規準を教師（評価者）が暗黙のうちにもっている評価規準に置いた評価の立場です。戦前にはこの立場が公的に採用されていた時期がありましたので、戦前型絶対評価と呼ばれています。

戦前型絶対評価については、「お前は勉強はできるけれども態度が悪いから、成績は甲乙丙丁のうち『丙』だ」といった、教師の胸先三寸による評価になり、子どもが不利益を被らないよう教師に服従する状況を生み出したという難点が指摘されています。現在でも、平常点という形で教師から見た望ましい授業態度を点数化している場合は、同様のことが起こっている場合があります。

しかし、教師（評価者）が主観的に評価することが常に問題を引き起こすわけではありません。教師が自身の主観で評価することでその主観が鍛えられ、結果的に教育活動の改善につながることがあります。また、たとえば芸事や学問における師弟関係のように、評価される側が評価する側を自身の教師として選び信頼するという関係が成立していれば、教師の主観的な評価は、学習者の学習改善にとって有益なこともあります。

このように、戦前型絶対評価（認定評価）には明らかな困難点が認められると同時に、可能性もあります。ただし、可能性については未知な部分が多く、現時点では今後の研究が待たれるといった状態でしょう。本書では、明らかな難点があるという理由で、戦前型絶対評価（認定評価）を評価の有力な立場とみなすことはしません。

③到達度評価

到達度評価とは、絶対的な規準を教育目標（身に付けさせたい学力）に置き、その達成状況を評価する立場です。戦前型絶対評価とは異なって、評価の規準・基準が誰にでもわかる形で明確になっていることが必要になります。

表1　到達度評価の主張（田中、2010年をもとに筆者作成）

到達度評価が指摘した相対評価の問題点	到達度評価の主張
・必ずできない子がいることを前提とする ・排他的な競争を常態化させ、「勉強とは勝ち負け」とする学習観を生み出す ・集団における位置関係はわかるが、学力の実態がわからない ・子どもの学力・学習状況を改善するために教育活動を改善するという発想をもたない	・すべての子どもたちに質の高い・生きて働く学力を ・共通の目標に到達することを目指して、励まし合い、学び合う学習集団を ・学力内容としての到達目標を評価規準に（何ができてほしいか・何をわかってほしいかを明確に） ・教師の教育活動と子どもたちの学習活動の改善を

到達度評価という立場は、１９７０年代に相対評価の非教育性を批判する形で成立しました。その際の到達度評価の主張は、次のようなものでした（表1）。すなわち、すべての子どもたちに質の高い・生きて働く学力を保障する、共通の目標に到達することを目指して励まし合い学び合う学習集団をつくる、学力内容としての到達目標を評価規準にする（何ができてほしいか・何をわかってほしいかを明確にする）、そして評価を通して教師の教育活動と子どもたちの学習活動の改善を促すという主張です。まさに相対評価の裏返しであり、教育活動と学習活動の改善を通した学力保障という立場を打ち出しています。

到達度評価という立場は、教育活動と学習活動の改善を促すという評価の理念に合致するものです。したがって本書では、到達度評価を評価の最も有力な立場として支持します。

しかしながら到達度評価には、教師が目標を設定する際に、その達成状況が容易に把握可能なものを設定することになりがちであり、創造的な実践を阻害してしまうという限界があります。また、そもそも目標を設定したり目標の達成状況を把握したりする主体が教師に限定されてしまい、子どもが主体的に自身の学習活動の改善に取り組むことが難しいという限界もあります。

④個人内評価

そこで、最後に個人内評価に注目します。個人内評価とは、絶対的な評価規準を子ども（個人）に置くことで、子どもの全体的・継続的な発達を支援する立場です。一般的には、個人内評価には縦断的個人内評価と横断的個人内評価の二つがあると言われます。

・縦断的個人内評価

縦断的個人内評価とは、過去のその子どもの成績と比べてその進歩の状況や変容を評価するものです。たとえば、1学期の漢字を10／50字しか習得しなかった子どもが、2学期に1学期の漢字50字全部を習得した。ただし2学期の漢字はやはり10／50字しか習得できなかったため、2学期の漢字学習の目標達成には遠く及ばなかった。それでも2学期におけるその子どもの伸びはめざましいものがあり、それを認めるといったことです。

生徒を学習主体・評価主体へと発達することを促す場である高校において、生徒一人ひとりの伸びや個性を認め励ますことは大変重要です。したがって本書では、教科学習においても個人内評価を重視します。しかしながら多くの場合、縦断的個人内評価については、その実践が単なる子どもの表面的な頑張りを認めることに陥ってしまい、教育活動と学習活動の改善にいかされない傾向にあるという限界があります。

・横断的個人内評価

もう一つの個人内評価である横断的個人内評価は、この生徒は読むことは苦手だけと表現することは得意といったように、その子どもの得手・不得手や長所・短所を明らかにするものです。

生徒をよく見ている教師は、指導案の「生徒観」において、「○○は、少しでも難しくなると自力解決を諦め、教師やクラスメイトから声をかけられるのを待つ傾向がある。しかし、交流の場面ではクラスメイトの意見を聞きながら、自分で問題を解きなおしている姿もある」といった、個々の子どもの得手・不得手や長所・短所を記述しています。そしてこれらを把握し意識することで、教師は自身の授業の運営や生徒への言葉かけを瞬時に判断し、目標達成に向けて教育活動の調整にいかしています。これは、横断的個人内評価と到達度評価がうまく組み合わされている実践と言えるでしょう。ただし、本来子どもの全体的・継続的な発達を支援するという個人内評価が、あらかじめ決められた共通目標を達成するための手段になっている点は限界でしょう。

・自分づくりとしての個人内評価

このように、一般的な定義である縦断的個人内評価にも横断的個人内評価にも限界があります。そこで評価研究の第一人者である田中耕治氏は、個人内評価は、子どもが自身の内面を評価する自己評価を主たる手段とする必要があると言います。そして自己評価の核心を、紆余曲折の学びの歩みを確かめるという自分探しや自分づくりを尊重することに求めることを提案しています。

田中氏の提案の根拠となったのは、小学校教師（理科専門）であった庄司《しょうじ》和晃《かずあき》氏の教育評価論と実践です。庄司氏は、教育評価について次のように明快に述べています。「教育評価は、とどのつまりは子ども自身の自己評価でなければならないと私は考える。なぜなら、教育というのは自分自身がスバラシクナッタという自覚を子どもにたえずもたせる仕事だ、と思うからである。理科の教育に限っていえば、相手（自然・他人）のスバラシサを見ることではなくて、相手のよってたつところのものを把握し得た、あるいは認識し支配しうるという確信をもたせることに究極点があると思うからでもある」（庄司、１９６５）。

筆者たちは自己評価の核心を、「世界をこのように理解することができた自分」をつくりだし、また「これから世界をこのように追究し、世界をこのように変えていきたい自分」をつくりだすという点に求めます。そしてこのような自己評価を、子どもの全体的・継続的な発達を支援する個人内評価の最も有効な手段であると考えます。

さて、田中氏は、このような自分づくりを励ますという意味での個人内評価（自己評価）を到達度評価と結合させることで、そもそも目標を設定したり目標の達成状況を把握したりする主体が教師に限定されてしまうという到達度評価の限界を突破できると主張しています（田中・西岡、１９９９／田中、２００２）。

本書では、到達度評価と個人内評価の結合という田中氏の主張を極めて重視します。すなわち本書は、教科学習における評価として学力保障を目指す到達度評価を軸にしつつも、最終的には生徒が学習主体・評価主体になることを援助すべく自分づくりとしての個人内評価との結合を図るという立場を採ります。

第2章

「観点別評価」とは何か

1　2019年版指導要録と「観点別評価」

(1) 文部科学省の立場である「目標に準拠した評価」

第1章では、評価の理念を確認し、筆者たちの立場についても述べました。それでは、評価・評定に関する公的な制度である指導要録はどのような評価・評定の立場を採り、どのような評価・評定の実行を求めてきたのでしょうか。ここから先は、指導要録や通知表の「評定」欄に評定値をつけることを「評定」と表記し、最終的なでき栄えの値踏みという一般的な意味での評定と分けて表記します。

文部科学省（以下、文科省）は2019年版指導要録において、小～高校まで一貫して、教科の「観点別学習状況の評価」欄と「評定」欄の双方における評価の立場として、「目標に準拠した評価」という立場を採用しました。「目標に準拠した評価」は、目標を規準としてその達成状況を評価するということですから、一見すると到達度評価の立場に見えます。しかし評価の観点として「関心・意欲・態度」や「主体的に学習に取り組む態度」のような情意に関わる観点が設定され、その中身や評価基準が子どもにとって不透明である場合、実態としては、生徒の頑張りを認めるという意味での個人内評価であったり、教師が恣意的に評価する戦前型絶対評価であったりします。たとえば、定期テストの点数が振るわない生徒に対して平常点として日常の頑張り（出席やノートの提出状況など）を加点し救済するといったことや、定期テストの点数は良いけれども授業態度が悪い生徒に対して減点して罰を与えるといったことです。

また、「思考・判断・表現」の評価に関しても、同じくその中身や評価基準が生徒にとって不透明であったり、そもそも何をどのような指導過程で教えるとどのような思考力がどの程度形成されるのかについて教師に見通しがなかったりする場合、もともと「思考・判断・表現」がすぐれている生徒を選び出すという相対評価に陥ってしまいます。

「目標に準拠した評価」が「観点別学習状況の評価」を通して相対評価、戦前型絶対評価、そして生徒の頑張りを認めるという意味での個人内評価を呼び込んでしまうと、教育活動と学習活動の改善を促すという評価の指導機能が後退しかねません。「目標に準拠した評価」を学力保障を目指す到達度評価として実施できるか否かは、「観点別学習状況の評価」のあり方にかかっているのです。

(2) 分析的な評価を実施する「観点別学習状況の評価」

さて、「観点別評価」とは「観点別学習状況の評価」のあり方のことです。そして、指導要録が求める「観点別学習状況の評価」のあり方は、歴史的には紆余曲折してきました。ただし、「観点別学習状況の評価」のあり方に何の一貫性もないかと言うと、そういうわけでもありません。1948年に出された戦後最初の小学校指導要録は、その趣旨が「個々の児童について、全体的に、継続的に、その発達の経過を記録し、その指導上必要な原簿となるものである」と解説されていました。第1章で確認したような、まさに教育活動にいきる評価のあり方が宣言されていたのです。そして同要録において、現在の「観点別学習状況の評価」欄にあたる欄については、「各教科の学習の状況について、平素の考査に基き分析的に評価記入する」と解説されていました(文部省学校教育局長、1948)。中学校・高等学校についても基本的に同様です。

「観点別学習状況の評価」欄は、指導上必要な記録として各教科の学習の状況について分析的に評価するための欄であるという点については、指導要録改訂の歴史において一貫しています。紆余曲折してきたのは、学習の状況を分析するとは具体的にはどういうことか、そして「観点別学習状況の評価」と「評定」との関係をどう捉えるのかという二点です。

(3) 2019年版指導要録の概要

紆余曲折の歴史を辿る前に、直近の改訂である2019年版指導要録について確認しましょう。2019年版指導要録は、指導要録という制度のもとで行われている評価の実態における課題をかなり的確に把握し、それを改善する内容を打ち出しました。以下、中央教育審議会初等中等教育分科会教育課程部会「児童生徒の学習評価の在り方について（報告）」（2019（平成31）年1月21日）（以下、報告と略記する）に依拠して、2019年版指導要録の概要を確認します。

①各教科における評価の基本構造と三観点による評価

重要な改善点としては、図3に示されているように、各教科における評価の基本構造を整理

図3　各教科における評価の基本構造（報告より抜粋）

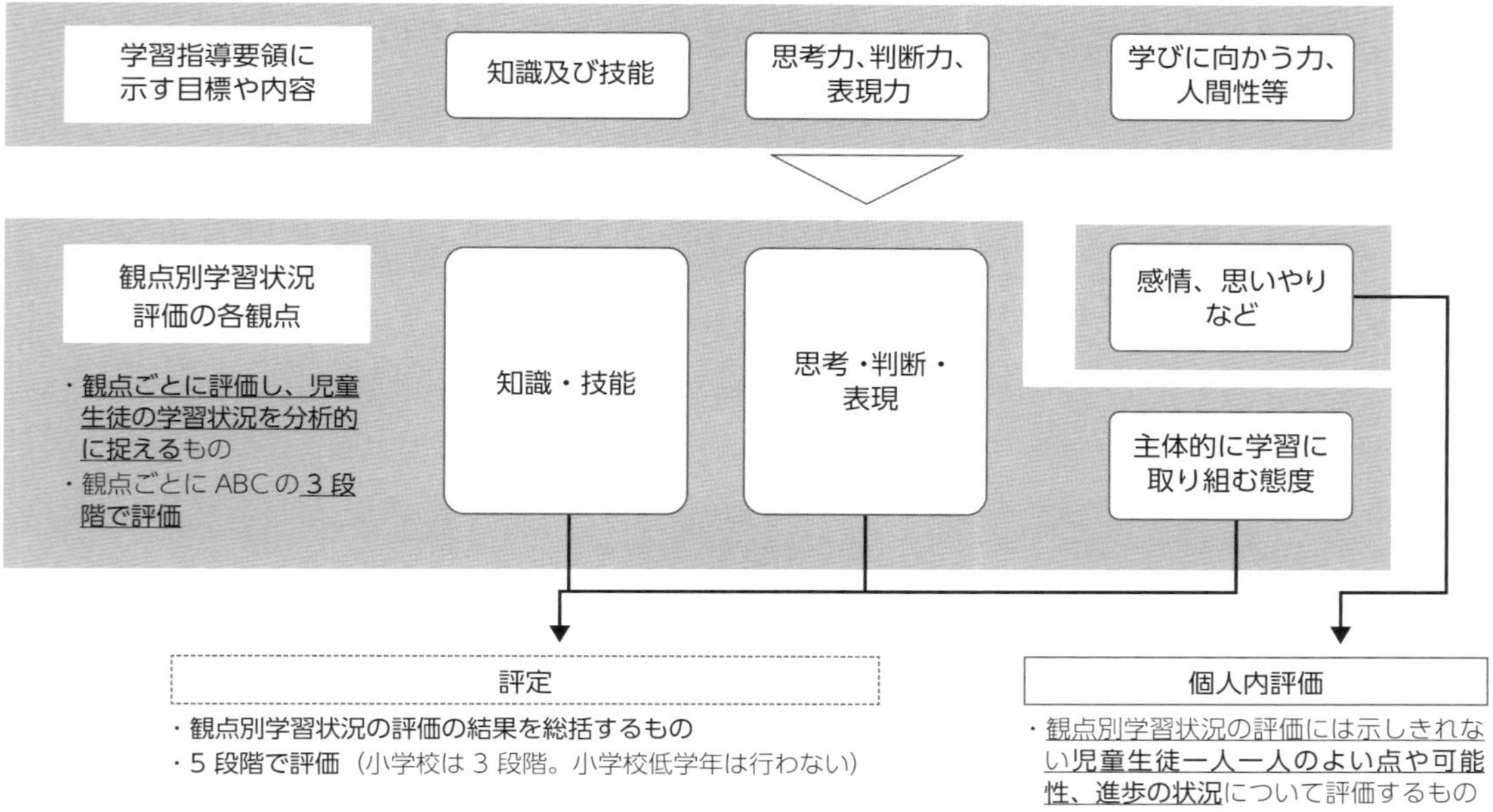
学習指導要領に示す目標や内容
知識及び技能
思考力、判断力、表現力
学びに向かう力、人間性等
観点別学習状況評価の各観点
・観点ごとに評価し、児童生徒の学習状況を分析的に捉えるもの
・観点ごとにABCの3段階で評価
知識・技能
思考・判断・表現
感情、思いやりなど
主体的に学習に取り組む態度
評定
・観点別学習状況の評価の結果を総括するもの
・5段階で評価（小学校は3段階。小学校低学年は行わない）
個人内評価
・観点別学習状況の評価には示しきれない児童生徒一人一人のよい点や可能性、進歩の状況について評価するもの

した上で、三観点での評価を実施するという点が挙げられます。少し詳しく説明すると次のようになります。

学校現場における評価の実態には、「観点別学習状況の評価」と「評定」を「目標に準拠した評価」として明確に実施し、指導と学習の改善にいかすことを充実させるという課題がある。そのため、学習指導要領に示された目標と評価の観点とを対応させた。ただし、「学びに向かう力、人間性等」という目標はかなり広く、教科の成績評定につながる「観点別学習状況の評価」に馴染まない部分がある。したがって、「学びに向かう力、人間性等」のうち「児童生徒一人一人のよい点や可能性、進歩の状況」の評価については、教科の「観点別学習状況の評価」ではなく個人内評価として実施する。教科の「観点別学習状況の評価」に馴染む部分については、「関心・意欲・態度」に代えて新しく設定した「主体的に学習に取り組む態度」という観点で評価する。

「主体的に学習に取り組む態度」とは、「知識及び技能を獲得したり、思考力、判断力、表現力等を身に付けたりするために、自らの学習状況を把握し、学習の進め方について試行錯誤するなど自らの学習を調整しながら、学ぼうとしているかどうかという意思的な側面」である。「関心・意欲・態度」の観点も同じ趣旨だったが、「挙手の回数や毎時間ノートを取っているかなど、性格や行動の傾向が一次的に表出された場面を捉える評価であるような誤解が払拭し切れていない」ため、「関心・意欲・態度」を改め「主体的に学習に取り組む態度」とした、ということです。

②評価を行う場面や頻度と多面的・多角的な評価方法

報告では、現場における評価の実態には、事後での評価に終始してしまい学習改善につながっていないという課題や、逆に評価の記録に労力を割かれて指導に注力できないという課題があると指摘しています。それらに対する具体的な改善点として、毎回の授業や毎単元ですべての観点を評価するのではなく、「知識・技能」「思考・判断・表現」の評価の記録については原則として単元や題材等のまとまりごとに行い、場合によっては複数の単元や題材にわたって長期的な視点で評価することを可能にすることも考えられるとしています。

そして、三観点それぞれの評価方法については、「論述やレポートの作成、発表、グループでの話し合い、作品の制作等といった多様な活動に取り組ませるパフォーマンス評価などを取り入れ、ペーパーテストの結果にとどまらない、多面的・多角的な評価を行っていくことが必要である」と述べています。

③「観点別学習状況の評価」と「評定」との関係

最後に、「観点別学習状況の評価」と「評定」との関係については、報告は次のように説明することにとどめ、改善点を挙げていません。すなわち、「観点別学習状況の評価」と「評定」は両方ともに「目標に準拠した評価」として実施すべきだが、期待される役割が異なる。「観点別学習状況の評価」は各教科の学習状況を分析的に捉えるものであり、具体的な学習や指導の改善にいかすことを可能にする。それに対して「評定」は、学習状況を全般的に把握できる指標であり、選抜や奨学金の審査等に用いられる。ただし、「観点別学習状況の評価」も評定であるため、入学者選抜のために活用していくことが考えられる。「観点別学習状況の評価」をどのように「評定」に総括するかについては、従来通り各学校で定める、ということです。

(4) 三観点がもたらしうる混乱

２０１９年版指導要録の概要のうち、まずは三観点による評価に注目しましょう。新しい指導要録では三観点で評価することが求められているということはわかりましたが、その中身をどう捉えたらいいでしょうか。

表2　単元名「おすすめの本を紹介しよう」の評価規準
（国立教育政策研究所、2021aより抜粋。一部修正）

知識・技能	思考・判断・表現	主体的に学習に取り組む態度
話し言葉の特徴や役割、表現の特色を踏まえ、わかりやすさに配慮した表現や言葉遣いについて理解し、使っている。	「話すこと・聞くこと」において、話し言葉の特徴を踏まえて話し、相手の理解が得られるように表現を工夫している。	聴衆に対する発表を通して、話し言葉の特徴を理解し、相手の理解が得られるよう、表現を粘り強く工夫する中で、自らの学習を調整しようとしている。

筆者たちはよく先生方から、「知識・技能」と「思考・判断・表現」の区別をつけるのが難しい。「思考・判断・表現」を評価しようとしても、結局のところどれだけ知識を理解しているかを評価してしまっている気がする。だから「思考・判断・表現」から「知識・技能」を取り除いて、「知識・技能」を獲得する過程でどんな思考活動をしていたのかということを評価しようとすると、「思考・判断・表現」と「主体的に学習に取り組む態度」の区別がつかなくなる。どう考えたらいいのか……という趣旨の相談を受けることがあります。確かに、報告でも「知識・技能」「思考・判断・表現」「主体的に学習に取り組む態度」をどう区別するのかについては、かなり曖昧に書かれています。

また、国立教育政策研究所から出されている『「指導と評価の一体化」のための学習評価に関する参考資料』に掲載された具体例を見ると、三観点をどう捉えるかという疑問が一層深

表3　単元「実数」の評価規準の例
（国立教育政策研究所、2021bより抜粋。一部修正）

知識・技能	思考・判断・表現	主体的に学習に取り組む態度
③数を実数まで拡張することの意義を理解している。 ②実数が直線上の点と一対一に対応していることを理解している。 ①簡単な無理数についての四則計算をすることができる。	③数を拡張してきた過程を考察することができる。 ②数の四則計算の可能性について考察することができる。 ①簡単な無理数を含んだ式を多面的に捉えたり、目的に応じて適切に変形したりすることができる。	・数を実数まで拡張する意義を認識し数学を活用しようとしたり、粘り強く考え数学的論拠に基づき判断しようとしたりしている。 ・問題解決の過程を振り返って考察を深めたり、評価・改善したりしようとしている。

まってしまいます。たとえば表2は、国語科「現代の国語」における単元名「おすすめの本を紹介しよう」の評価規準です。この評価規準を見ると、「知識・技能」にある「わかりやすさに配慮した表現や言葉遣いについての理解」を得ることが「思考・判断・表現」の「相手の理解が得られるように表現を工夫」することであるから、結局「知識・技能」と「思考・判断・表現」は同じではないのか。また「思考・判断・表現」の「相手の理解が得られるように表現を工夫」することは、自らの活動を調整することであるから、「主体的に学習に取り組む態度」と何が違うのだろうかという疑問が沸きます。

もう一つ事例を見てみましょう。表3は、「数学Ⅰ」の単元「実数」の評価規準の例です（①②③というナンバリングは筆者による）。国語科の例とは異なって、実際に開発された単元の評価規準の例ではなく、単元開発の参考になるよう評価規準となり得る規準を最大に列挙した例です。

この評価規準を見ると、「知識・技能」と「思考・判断・表現」の中身は、結局のところ同じではないのかという疑問が沸きます。それに加えて、「知識・技能」の①②③は、それぞれかなりレベルが違う知識・技能ではないかという疑問も沸きます。①無理数についての四則計算は、計算方法を暗記してしまえば、②実数が直線上の点と一対一に対応していることを理解していなくても、ましてや③数を実数まで拡張することの意義を理解していなくても、できてしまいます。③数を実数まで拡張することの意義は、自然数→整数（ゼロ、負の数の導入）→有理数（分数と小数の導入）→実数（無理数の導入）という数の拡張の経験に基づく、かなり深いレベルの理解です。果たして、「知識・技能」の①と③を同じ「知識・技能」と呼んでもいいのでしょうか。

以上から浮き彫りになってきたように、三観点による評価をどう実施するのかの前に、三観点をどう捉えるかが問題です。

2　三観点をどう捉えるか

(1)「知識・技能」「思考・判断・表現」をどう捉えるか

三観点をいかに捉えるかということに関して、2019年版指導要録の改訂に関する委員会委員を務めた石井英真氏の所論を参照してみましょう。本書では、「知識・技能」と「思考・判断・表現」の捉え方については石井氏の論に依拠し、「主体的に学習に取り組む態度」の捉え方に関しては、到達度評価と個人内評価の結合という本書の立場にしたがって独自の捉え方を提案します。

図4は石井氏による、学校で育てるべき資質・能力の全体構造と評価の観点との対応を示したものです。図の見方を説明します。図4の横軸である「資質・能力の要素」は、基本的に、図5にある2017年改訂学習指導要領に示された資質・能力の三本柱に対応しています。図4の「知識」は図5の「知識・技能」に、図4の「スキル」のうち「認知的スキル」は図5の

図4　新しい評価実践の方向性（石井、2019より抜粋）

能力・学習活動の階層レベル（カリキュラムの構造）		資質・能力の要素（目標の柱）知識	スキル：認知的スキル	スキル：社会的スキル	情意（関心・意欲・態度・人格特性）
教科等の枠づけの中での学習	知識の獲得と定着（知っている・できる）	事実的知識、技能（個別的スキル）	記憶と再生、機械的実行と自動化	学び合い、知識の共同構築	達成による自己効力感
教科等の枠づけの中での学習	知識の意味理解と洗練（わかる）	概念的知識、方略（複合的プロセス）	解釈、関連付け、構造化、比較・分類、帰納的・演繹的推論		内容の価値に即した内発的動機、教科への関心・意欲
教科等の枠づけの中での学習	知識の有意味な使用と創造（使える）	見方・考え方（原理と一般化、方法論）を軸とした領域固有の知識の複合体	知的問題解決、意思決定、仮説的推論を含む証明・実験・調査、知やモノの創発（批判的思考や創造的思考が深く関わる）	プロジェクトベースの対話（コミュニケーション）と協働	活動の社会的レリバンスに即した内発的動機、教科観・教科学習観（知的性向・態度）

知識・技能

思考・判断・表現

主体的に学習に取り組む態度

豊かなテスト

豊かなタスク

図5　2017年改訂学習指導要領に示された資質・能力の三つの柱

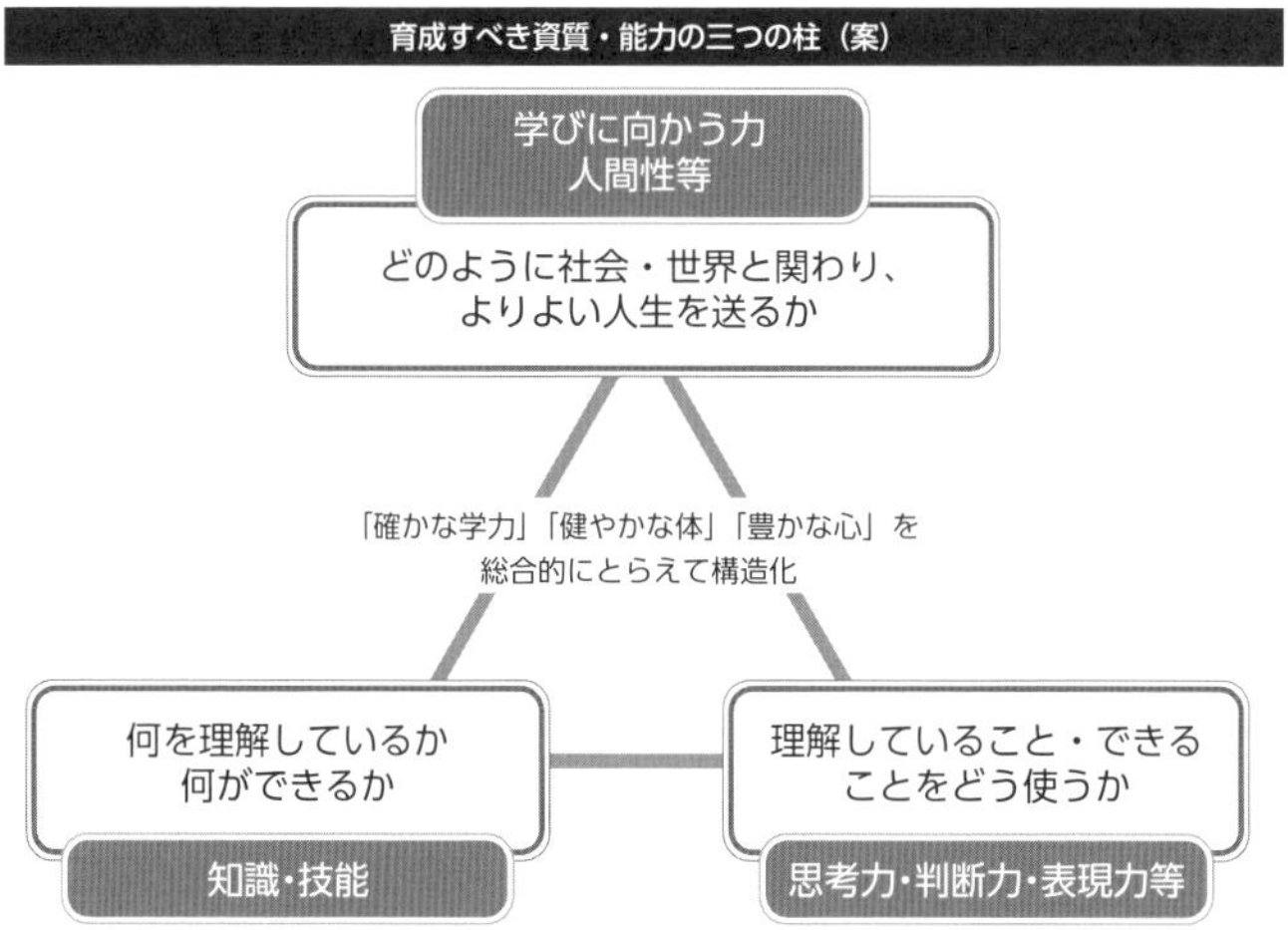

「思考力、判断力、表現力等」に、そして図４の「情意（関心・意欲・態度・人格特性）」は図5の「学びに向かう力、人間性等」に対応しています。

それに対して図４の縦軸は、「能力・学習活動の階層レベル」を表現しています。縦軸である学力のレベルは、次の三層で捉えられています。第一に、「知識の獲得と定着（知っている・できる）」というレベルであり、個別具体的な知識を記憶したり、個別具体的なスキルを機械的に実行したりすることができるというレベルの学力です。第二に、「知識の意味理解と洗練（わかる）」というレベルであり、概念的知識に基づいて事象を相互に関連づけたり解釈したりすることができるというレベルの学力です。第三に、「知識の有意味な使用と創造（使える）」というレベルであり、知識を獲得した文脈とは異なる文脈、たとえば実生活・実社会の文脈においてこれまで獲得してきた知識・技能を総合して使うことができるレベルの学力です。

「使える」レベルに関して、一つ注意したいことがあります。筆者たちは先生方から、高校で教えている知識・技能は実生活に直接的に役立つものばかりではないという訴えを聞くことがあります。その通りだと思います。「使える」とは、個別具体的な知識や技能が直接的に使われるということではなく、教科の「見方・考え方」を軸にした知識・技能の複合体が使われるということです。もし「使える」という表現が実用主義を連想させるのなら、教科の「見方・考え方」という学問のレンズによって自然や社会の見え方が変わるという意味で、「見える」レベルと言いかえてもよいでしょう。

図4を念頭に置くと、2019年版指導要録に示された三観点は、要素と階層という捉え方が未分化な状態であるということがわかります。前節で見た「数学I」の単元「実数」の評価規準の例をもとに具体的に指摘すると、「知識・技能」「思考・判断・表現」「主体的に学習に取り組む態度」という観点自体は能力の要素を示しており、「知識・技能」「思考・判断・表現」のにおける①②③は能力の階層（理解の程度や深さ。①〜③へと理解が深まる）を示しているの

です。これでは、資質・能力の要素を評価すればよいのか、資質・能力の階層を評価すればよいのかわかりません。資質・能力の要素と階層が未分化な状態は、現場に混乱をもたらします。

そこで本書は、石井氏の提案を踏まえて、「知識・技能」と「思考・判断・表現」は能力の階層を示していると捉えるという立場を採ります。つまり図4に表現されているように、指導要録の「知識・技能」は「知っている・できる」レベルの学力と「わかる」レベルの学力に、「思考・判断・表現」は「使える」レベルの学力にあたると捉えるということです。

(2) 教科で育成する資質・能力を階層的に捉えることの利点

「知識・技能」「思考・判断・表現」という二観点を知識や技能がその人のものになっている深さのレベルと捉えるという提案に対しては、結局のところ教師は知識をしっかりと教えていればいいのではないか、そしてテストでは知識が獲得できているかどうかを確かめればそれでいいのではないか、わざわざ「知識・技能」「思考・判断・表現」という二観点に分ける必要はないのではないかという疑問の声が聞こえてきそうです。教科で育てるべき資質・能力を階層という視点から分析的に捉えることで、どのような利点がもたらされるのでしょうか。

結論から述べますと、教科で育てるべき資質・能力を階層的に捉えると、教師が教育活動を計画する方法が変わります。国語科を事例に考えてみても、次の四点ほどの変化を指摘することができます。

第一に、最終的に育成したい総合的で生きて働く資質・能力と、一時間の授業で育てられる個別具体的な資質・能力との間を埋め、総合的で生きて働く資質・能力形成への道筋を考えることを促します。国語科の例で言うと、最終的に形成したい国語の資質・能力は、「言葉を通して社会や自身の生活を見つめ、それらを批判し向上させる力」や「言葉を通して他者とつながり、ともに高め合う力」といった、生きて働く総合的な資質・能力となるでしょう。それに対して一時間の授業の目標として意識する資質・能力は、おそらく、「本文の記述に即して内容を正確に読み取る力」や「本文全体の展開や構成を捉える力」といった、個別具体的な技能を想像するでしょう。それでは、一時間の授業の目標として意識する資質・能力と、最終的に形成したい総合的で生きて働く資質・能力の間には、どのような資質・能力があり、全体構造はどうなっているのでしょうか。このように考えることで、毎時間しっかりと知識や技能を教えていたらいずれ総合的な資質・能力が形成されるだろうという楽観論を乗り越え、資質・能力の全体を形成する長期的な計画を構想することができます。

そもそも資質・能力を階層的に捉えるとは、それぞれの層は質的に異なっているのであり、基礎となる層が形成されていても発展の層が形成されているとは限らないと考えるということです。すなわち、個別具体的な知識を暗記している（「知っている・できる」）からといってその教科における重要な概念を自分の頭で理解している（「わかる」）とは限らない、重要な概念を自分の頭で理解している（「わかる」）からといって実生活・実社会の文脈において使いこなせる（「使える」）とは限らないということです。毎時間しっかりと知識や技能を教えていたらいずれ総合的な資質・能力が自動的に育つわけではありません。

第二に、実際に教えている知識の中身や偏りを自覚的に検討することができます。観点「思考・判断・表現」で評価されるべき資質・能力は、確かに知識や技能を教えないことには形成されませんが、重要なのはその知識の中身です。高校国語科で教えるべき知識の中には文法的知識や文学史的な知識があり、すべての国語教師が教えていると思われます。しかし、そのような知識だけが読むという思考を支える知識でしょうか。

２０１７年改訂学習指導要領は、「読むこと」の深さを、「構造と内容の把握」「精査・解釈」「考えの形成」の三層で整理し、その考えが大学入学共通テストにまで一貫して採用されています（図６）。このうち「精査・解釈」には「論理（情報と情報の関係性：共通―相違、原因

図6 「読むこと」における三つの階層

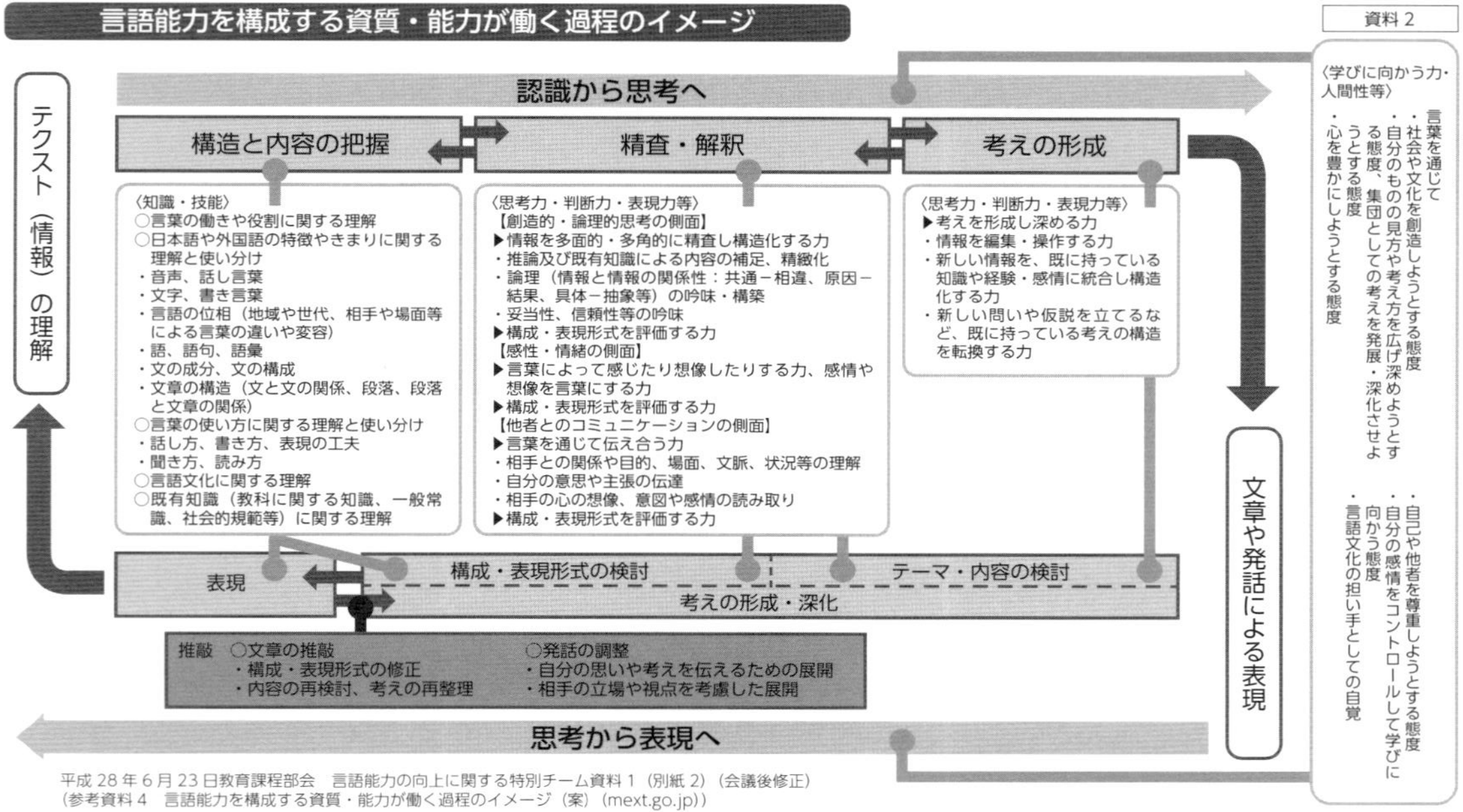

平成 28 年 6 月 23 日教育課程部会　言語能力の向上に関する特別チーム資料 1（別紙 2）（会議後修正）
（参考資料 4　言語能力を構成する資質・能力が働く過程のイメージ（案）（mext.go.jp））

―結果、具体―抽象等）の吟味・構築」や「妥当性、信頼性の吟味」といった思考が含まれています。このような思考を支える知識つまり「共通―相違」「原因―結果」「具体―抽象」といった認識の方法、あるいは「主張―論拠―根拠」といった論証の方法に関する知識は教えているでしょうか。自分がどのレベルの学力を支える知識を教えているのか、教科の本質に関わる重要な知識（理科における粒子や地歴科における近代国家といった概念）であるのに十分に教えていない知識はないか、あるいは些末な知識を教えすぎていないかと考えてみることができます。

第三に、教科で育てるべき資質・能力を階層に応じた適切な指導と評価の方法を考えることができます。「知っている・できる」レベルであれば、発問と答えを繰り返す一問一答式の言葉による教え込みの授業でも形成できるかもしれません。また評価方法に関しては、多肢選択式、穴埋め問題、正誤式といった伝統的な評価方法で評価できます。

一方で最も深いレベルである「使える」レベルの学力は、言葉で教えられるだけではなく、実際に自分で経験してみないと形成されません。たとえば論証の妥当性という視角からテキストを批判する資質・能力は、いくら教師が言葉で「主張―論拠―根拠」を教えて、対象となっているテキストの主張部分や論拠部分を指し示してみたとしても、それだけで生徒が論証を捉え妥当性を検討できるようにはなりません。実際に生徒が自分で論証の骨格を抜き出してみたり、様々な反論を読んでみたり、自分で論証を意識して書いてみたりする経験を積み重ねることで、じわじわと形成されていくものです。「テキストを批判するとはどういうことか」といった深いレベルの理解は、最終的には言葉を超える「ピンときた」経験や「身体で掴んだ」経験に依存するのであり、言葉による伝達や指示には限界があります。したがって評価方法に関しても、実際にパフォーマンスさせてみるような評価方法が求められます。

(3)「主体的に学習に取り組む態度」をどう捉えるか

それでは、「主体的に学習に取り組む態度」についてはどう捉えるべきでしょうか。現在「主体的に学習に取り組む態度」の捉え方に関してはかなりのバリエーションが生まれていますので、まずどう捉えられているのかについて分類整理し、その後分類整理した「主体的に学習に取り組む態度」のいずれをどう評価するのかという順序で考えていきます。

①「主体的に学習に取り組む態度」はどう捉えられているのか

従来の「関心・意欲・態度」は、興味・関心といった「情意」、および授業への参加態度や学び合いのスキルといった「社会的スキル」がその中身であると捉えられてきました。しかし、２０１９年版指導要録の基調となった報告においては、「関心・意欲・態度」評価の実態が問題視され、新しく「主体的に学習に取り組む態度」が提案されました。そして「主体的に学習に取り組む態度」の評価は、「生涯にわたり学習する基盤を培う視点をもつことが重要」であり、「自己の感情や行動を制御する能力、自らの思考の過程等を客観的に捉える力（いわゆるメタ認知）など」を重視すべきであると指摘されています。したがって現在、「主体的に学習に取り組む態度」は、「情意」「社会的スキル」「メタ認知」の三つが混在するものとして捉えられています。

また「主体的に学習に取り組む態度」も、学習活動の階層レベルに応じて、浅いレベルから深いレベルまでレベル分けすることができます。そこで、現在「主体的に学習に取り組む態度」として捉えられている資質・能力を、学習活動の階層レベルに応じて分類整理すると表４のようになります。Ⅰ～Ⅲは浅いレベルから深いレベルへと並べています。

②「主体的に学習に取り組む態度」のいずれをどう評価するか

それでは、表4に示した「主体的に学習に取り組む態度Ⅰ～Ⅲ」をどう評価すべきでしょうか。「主体的に学習に取り組む態度Ⅰ～Ⅲ」はいずれも非常に重要であり、積極的に評価し育成すべきです。しかしながら、評価結果をどういかすかという点や「観点別学習状況の評価」に反映させるかという点については、Ⅰ～Ⅲで異なります。

・「主体的に学習に取り組む態度Ⅰ」の評価

「主体的に学習に取り組む態度Ⅰ」は、生徒の興味関心や知的好奇心といった情意が含まれています。言うまでもなくこれは非常に大切であり、是非評価すべきです。しかし、その評価結果は、何よりもまずは教師が教育内容や教材を選択したり、生徒の学習活動を調整したりするのにいかすべきであって、「観点別学習状況の評価」の対象とするという形で生徒個人の成績評定に反映させるべきではありません。

また、「主体的に学習に取り組む態度Ⅰ」には、授業への参加態度や学習スキルといった一般的な生活態度・学習態度が含まれています。これも非常に大切であり、全教科そして特別活動や学校行事を通して評価し直接的に指導すべきです。しかしこれも、特定の教科学習の目標として評定し、「観点別学習状況の評価」に反映させるようなものではありません。

表4　「主体的に学習に取り組む態度」の捉え方と評価のあり方（筆者作成。「主体的に学習に取り組む態度Ⅰ」の内容に関しては鋒山、2006を、また「主体的に学習に取り組む態度Ⅱ」の内容に関しては石井、2019を参考にした）

「主体的に学習に取り組む態度」に含まれると捉えられている資質・能力（情意、社会的スキル、メタ認知が混在）		教科学習の目標になり得るか	馴染む評価の立場	評定するか
Ⅰ	授業内容に関心をもつ。「なるほど面白いな、もっと知りたいな」という知的好奇心をもつ。 授業に積極的に参加し、クラスメイトと自身の考えを交流する。 教師や教科書、他の生徒の説明をノートに工夫して記録できる。自分の間違えたところや思考の過程を記録し、見返す習慣がついている。	ならない	縦断的・横断的個人内評価	すべきでない
Ⅱ	社会における当該教科の役割・重要性や当該教科の特性を感じ取り、現実社会の課題に近い課題に当該教科らしいアプローチの仕方でアプローチする。 課題解決のプロセスを随時調整する。課題に自分なりに工夫して個性的に回答する。自身のものの見方・考え方の変容を把握する。	なり得る	目標に準拠した評価	してもよい
Ⅲ	「自分ごととしてこの問題を追求したい。これについて決着をつけないと気が済まない」あるいは「是非ともこんなふうに暮らしていきたい。こんな社会を作りたい」という問題意識をもって、自身が追求すべき課題を設定する。 その課題を追求するにあたって必要となる情報や人にアクセスし、自身の学習環境を組織する。	なり得る	自分づくりとしての個人内評価	すべきでない

以上の「主体的に学習に取り組む態度Ⅰ」について、成績評定とは別の機会に生徒にその評価結果をフィードバックする際は、生徒の良さや頑張りを認め励ます横断的・縦断的な個人内評価の立場ですべきです。そのため文科省は、図3で確認したように、「主体的に学習に取り組む態度Ⅰ」にあたる資質・能力については個人内評価の対象であるとして、教科における「観点別学習状況の評価」からは除外しています。

・「主体的に学習に取り組む態度Ⅱ」の評価

「主体的に学習に取り組む態度Ⅱ」は、石井氏が作成した図4の「主体的に学習に取り組む態度」にあたります。これは批判的に考えようとする思考態度や教科固有の見方・考え方を通して社会を見つめ関わっていこうとする態度を指しています。この態度に関しては、個々の教科カリキュラムの最終的な目標になり、それゆえ「観点別学習状況の評価」における評価の対象となると考えてもよいでしょう（石井、２０１９）。

・「主体的に学習に取り組む態度Ⅲ」の評価

「主体的に学習に取り組む態度Ⅲ」は、教科学習が十分に深まった際に沸いてくる「自分ごととしてこの問題を追求したい。これについて決着をつけないと気が済まない」あるいは「是非ともこんなふうに暮らしていきたい。こんな社会を作りたい」という問題意識に基づき、生徒自身が追求すべき課題を設定するという資質・能力です。また、その課題を追求するにあたって必要となる情報や人にアクセスし、自身の学習環境を組織するといった資質・能力を含みます。

このような資質・能力の評価は、自分づくりを励ますという意味での個人内評価に馴染むのであり、これが達成できていれば「５」といったような「目標に準拠した評価」は馴染みません。したがって教科の「観点別学習状況の評価」に反映すべきではありません。「総合的な探究の時間」で行っているように、生徒個々人の問題意識の育ちについての判断や設定した課題の適切さに関する評価結果を、言葉でフィードバックすればよいのです。

このように述べると、「主体的に学習に取り組む態度Ⅲ」は「総合的な探究の時間」の目標であって、積極的に教科学習の目標にしなくてよいのではないかという疑問が沸くかもしれません。しかも、教科の「観点別学習状況の評価」には反映させないということですから。

しかしながら、「総合的な探究の時間」がカリキュラム上にある、あるいは自分づくりとしての個人内評価は教科の「観点別学習状況の評価」に馴染まないという理由で、教科の枠を超えていく課題追究的な学習の可能性を教科学習からあらかじめ除いていいのでしょうか。改めて確認しておきますが、高校とは、生徒たちを被教育者・被評価者の立場から抜け出させ、学習主体・評価主体になるよう励ましていく場所です。そのような励ましは「総合的な探究の時間」に限らず、教科学習においてもすべきです。教科学習においては教師が決めた枠の中で教師が与えた課題を追究し、「総合的な探究の時間」でやっと自身の課題を追究するといった役割分担はすべきではありません。教科は「総合的な探究の時間」の下請けではないのです。教科学習においても、「世界をこのように理解することができた自分」をつくりだし、また「これから世界をこのように追究し、世界をこのように変えていきたい自分」をつくりだす自己評価を手段とする個人内評価を実施し、問題意識を大いに育てていくべきです。

以上より本書では、「主体的に学習に取り組む態度」の捉え方はⅠ〜Ⅲまであり、すべて何らかの形で評価の対象となるけれども、教科学習の目標とすべきものはⅡおよびⅢである、そしてこのうち教科の「観点別学習状況の評価」に反映させるのは主にⅡであるけれども、Ⅲを積極的に育成するという立場を採ります。

(4) 単元や授業において独自の評価の観点を立てる必要性

ここまで本書で実践してきたように、教科で育てるべき資質・能力を階層や要素という視点から構造化して評価の観点を設定することは、教師に対して、教科の資質・能力の全体構造に意識を向けることを促します。それゆえ、教師が長期的に教育計画を構想し、その実現状況を評価する機会を意図的に設けることができるという利点をもたらします。たとえば、「1学期に一度くらいは、教科の『見方・考え方』を働かせ、それまで習ってきたことを使って解決するような課題を与え、評価しよう」「3学期には生徒が自分で追究課題を設定できるようにしよう」と計画するといったことです。現行の三観点による評価は長期的な指導と評価に有益なのであって、毎単元・毎時間実施するようなものではありません。

したがって、単元や授業といった中期・短期的な教育活動にいきる評価を実践しようとする際に、「知識・技能」「思考・判断・表現」「主体的に学習に取り組む態度」といった三観点を必ず設定しなければならないわけではありません。むしろ単元や授業のレベルでは、独自の観点を設定した方が有益です。

たとえば小説を教材とした「読むこと」の単元における評価の観点は、「知識・技能」「思考・判断・表現」「主体的に学習に取り組む態度」とするよりも、「構造と内容の把握」「精査・解釈」「考えの形成」とした方がよほど自然ですし、どのレベルの読みのどこにつまずいているのかを分析することができて有益です。読みの深さを示すそれら三観点に加えて、「語彙と文学史的な知識」という独立の要素的な観点を加えてもよいでしょう。

また、「書くこと」はほとんどの場合において非常に複雑な思考であり、浅いや深いといったレベル分けが困難です。また学習指導要領の指導事項も、「題材の設定、情報の収集、内容の検討」「構成の検討」「考えの形成、記述」「推敲」「共有」といったように、書くという思考の過程で区切っています（深さではなく）。それならば、「書くこと」の単元の評価は、書くという思考のプロセスで観点を立てた方が自然で有益かもしれません。

このように、長期的な計画のもとで個々の単元や授業を実践する際には、先生方がもつ教科指導の専門性をいかして、適切な評価の観点を設定することが望ましいです。適切な評価の観点を立てることは、教科指導の専門性が高い高校の先生方だからこそできることであり、すべきことでもあります。

3　「観点別学習状況の評価」と「評定」との関係をいかに捉えるか

⑴ 分析的な評価と簡便な評定値

本章の最後に、2019年版指導要録の概要として三つ目に挙げた、「『観点別学習状況の評価』をどのように『評定』に総括するかについては、従来通り各学校で定める」という点を検討します。

第1章において、評価には証明機能と指導機能という二つの機能があると述べました。指導要録にもそれら二つの機能があります。そして、それら二つの機能があることが、「観点別学習状況の評価」と「評定」との関係をいかに捉えるかという問題に大きく関わってきます。

戦後初の学習指導要領である『学習指導要領一般編試案』（1947年3月）には、「第五章学習結果の考査」という項目がありました。そこでは、「学習の結果を考査する一つの大きい意味」として、学習の効果を確かめることで教材の適切性を反省したり今後の指導計画の糸口を見つけたりすることができることが挙げられていました。教育活動の反省と改善を目的とする評価観が打ち出されていたのです。

『学習指導要領一般編試案』に基づいて、1948年に小学校の指導要録が、1949年に中学校・高等学校指導要録が改訂されました。その基本的な趣旨は、①個々の児童について、全体的、継続的に、その発達の経過を記録し、その指導上必要な原簿となるものである。②記録事項は、新しい教育の精神からみて、とくに重要と思われるものを選定してある。③出来るだけ客観的に、しかも簡単に、かつ容易に記録されるように作られてある。という三点です。①の「指導上必要となる原簿」という点が重要です。

1949年版高等学校指導要録の一部を、表5に示しました。現在の「観点別学習状況の評価」欄にあたる欄は「学習成績の発達記録」という名称で、教科ごとに学習指導要領の目標に対応した評価項目が三〜四個並んでいました。そして、読者の先生方は驚くかもしれませんが、戦前には存在していた教科ごとの「評定」欄は廃止され、全教科において「評定」欄はありませんでした。「所見」欄には履修した教科名を書いていました。

しかし、それからわずか6年後の1955年に、小学校・中学校・高等学校すべての指導要録が改訂されました。改訂の趣旨は「児童生徒の学籍ならびに指導の過程および結果の要約を

表5　1949年版高等学校指導要録「学習成績の発達記録」の一部
（文部省初等中等教育局長、1949年より抜粋・一部修正）

学習成績の発達記録											
教科		国語				社会			数学		
目標		理解しながら早く読む能力	文学の理解と鑑賞	書くことによって効果的に自己を表現する能力	話すことによって効果的に自己を表現する能力	歴史、地理、経済、政治、社会等の基礎的な諸概念の知識と理解	問題解決法を用いる能力批判的な思考をなしうる能力	他人の必要と権利との尊重公民的技能の習得	関係を理解してそれを問題解決に応用する能力	計算測定の技能	実際場面において正確に数学的な技能を使用する習慣
高一	所見	（教科名）									
	評価										

記録し、指導および外部に対する証明等のために役立つ簡明な原簿とした」と述べられています。つまり1949年版とは対照的に、1955年版は指導要録の証明機能を前面に打ち出したのです。この趣旨のもとで、1949年版にはなかった教科ごとの「評定」欄が復活しました。

1955年版指導要録の改訂に関する委員会委員の一人は、一教科を三~四個の項目で分析的に評定する分析評定か、一教科一評定とする総合評定かの問題をめぐって、委員会内部で激しい議論が展開されたと報告しています（大内、1955／大内、1956）。その報告によると、総合評定を実施するために「評定」欄の復活を支持する委員は、①各教科はそれ自体一つのまとまりをもって指導される、②法定公簿はできるだけ簡単な記述が望ましい、③一教科一評定の方が選抜資料として使いやすい、という三点を根拠としていたということです。それに対して、分析評定を支持し「評定」欄の復活を否定する委員は、①評価は分析的・診断的でなければならない、②一教科一評定にすれば知識・理解面に偏る危険がある、③一教科一評定は勘に頼った主観的な評価に陥る、という三点を根拠としていたということです。

この議論から浮かび上がってくることは、教科の資質・能力を分析的に把握し指導するために分析評定が求められたのに対して、選抜等の文脈で行われる外部に対する証明には簡便な評定である総合評定が求められたということです。

(2) 高等学校指導要録の変遷

１９５５年版では分析評定と総合評定の両者がそろったのだから、それ以降の歴史において分析評定と総合評定の関係がいかに捉えられてきたのか、つまり「観点別学習状況の評価」を「評定」にいかに総括してきたのかについて学べばよい。そう考えたいところです。しかし実際には、１９５５年改訂指導要録以降、「観点別学習状況の評価」欄と「評定」欄における評価の立場が変化することで、「観点別学習状況の評価」と「評定」の関係は紆余曲折の道を辿ってきました（表６）。

①第1期：1949年版

先述したように、１９４９年版は指導要録の指導機能を重視し、分析的な評価を実施することを趣旨としていました。したがって「評定」欄はなく、現在の「観点別学習状況の評価」欄にあたる「学習成績の発達記録」欄しかありませんでした。高校現場で、よく「『観点別評価』

表6　高等学校指導要録における評価の立場の変遷（筆者作成）

<table>
<tr><th></th><th></th><th>現在の「観点別学習状況」欄にあたる欄の名称と立場</th><th>「評定」欄</th></tr>
<tr><td>第1期
・指導機能の重視
・分析的な評価の採用</td><td>1949年版
S24</td><td>「学習成績の発達記録」欄：分析された目標ごとの「目標に準拠した評価」</td><td>なし</td></tr>
<tr><td rowspan="3">第2期
・証明機能の重視
・縦断的・横断的個人内評価と「目標に準拠した評価」の並存</td><td>1955年版
S30</td><td>「所見」欄：教科ごとに異なる「観点」を示した縦断的・横断的個人内評価</td><td rowspan="3">「目標に準拠した評価」</td></tr>
<tr><td>1963年版
S38</td><td rowspan="2">「所見」欄：「観点」を示さない縦断的・横断的個人内評価
※記入上の注意に各教科の観点及びその趣旨は掲載
※総合評定の参考にする</td></tr>
<tr><td>1973年版
S48</td></tr>
<tr><td rowspan="4">第3期
・高等学校多様化路線への対応
・「評定」における縦断的・横断的個人内評価と「目標に準拠した評価」の融合</td><td>1981年版
S56</td><td rowspan="4">なし
※記入上の注意に各教科の観点及びその趣旨は掲載</td><td rowspan="4">「目標に準拠した評価」
※学校が地域や生徒の実態に即して設定した当該教科・科目の目標や内容に照らして評価する</td></tr>
<tr><td>1993年版
H5</td></tr>
<tr><td>2001年版
H13</td></tr>
<tr><td>2010年版
H22</td></tr>
<tr><td>第4期
・「目標に準拠した評価」の全面採用</td><td>2019年版
R元</td><td>「観点別学習状況」欄：「目標に準拠した評価」</td><td>「目標に準拠した評価」</td></tr>
</table>

は高校の伝統に合わない」「今まで全く実施してなった『観点別評価』をいきなり実施せよと言われても困る」といった発言を聞きますが、それは誤解です。また、過去の歴史においては、「評定」欄がない、つまり「観点別学習状況の評価」が評定の役割を果たしていた時代があったという点も、よく記憶しておいてください。

なお、「学習成績の発達記録」欄では、各教科・科目の目標をほぼ達成しているものを３とする５段階評定で成績評定をつけること、つまり現在の文科省が言うところの「目標に準拠した評価」でつけることが求められていました。この点についてもよく誤解されるのですが、文科省（文部省）が高校に対して、相対評価で成績評定を行うことを求めたことは一度もありません。小学校・中学校に対しては、２００１年版指導要録で撤回するまで、相対評価で成績評定を行うことを求めていたにも関わらず。１９４９年版高等学校指導要録が、現在で言う「目標に準拠した評価」の立場を採用できた理由としては、１９４０年代は高校進学率がまだ40％台と低く、「高等学校は義務教育ではなく、ある程度選ばれた生徒に対する教育を施し」（林部、１９５５）ていたという社会的背景や、単位制という履修制度と親和性があったという点が挙げられます。

１９４９年版の体制は次の１９５５年版で崩れますので、１９４９年版のみを第１期とします。

②第2期：1955年版、1963年版、1973年版

1955年版では、指導要録の証明機能が重視されました。したがって、一教科一評定を実施する「評定」欄が復活しました。「評定」欄に関しては、現在で言うところの「目標に準拠した評価」の立場を採ることが求められました。

現在の「観点別学習状況の評価」欄にあたる欄は「所見」という名称になり、「ひとりひとりの生徒の特質的な事がらを記入する」こと、つまり（縦断的・横断的）個人内評価を実施することが要請されました。ただし教師の事務負担を軽減するため、あらかじめ教科ごとにいくつかの観点を掲げておき、それにチェックをつけるという方式を採りました。たとえば国語科の「所見」欄には、「読解」と「言語の使用」という二つの観点が掲載されていました。ある生徒が「読解」に関してめざましい伸びを見せたり、「読解」に関して極めてすぐれていたりした場合には、「読解」の欄に○を付けるということです。

1955年版が「所見」（現在の「観点別学習状況の評価」）における評価の立場として（縦断的・横断的）個人内評価を採用した理由として、委員の一人は、1949年版の「学習成績

の発達記録」で採用した5段階評定法が相対評価と誤解され、正規分配曲線に従って成績評定を配分するという不合理がすでに生じているからと述べています。また、１９５５年版が「評定」を復活させ総合評定を実施することで、知識・理解のような評定しやすい資質・能力だけを評定する傾向が生じることを危惧するからとも述べています（林部、１９５５）。つまり、「評定」において評価対象を知識・技能に焦点化した相対評価が実施されると、現場の教育活動が歪められる恐れがあるため、「所見」において（縦断的・横断的）個人内評価を実施することでその歪みを是正しようとしたのです。

したがって、注意すべき点として、１９５５年版の「所見」（現在の「観点別学習状況の評価」）における各教科の評価の観点は、１９４９年版とは異なって、各教科の目標を分析したものではなく、「指導目標としてのすべての観点を尽くしているものでもない」（大島、１９５５）という見解が示されました。

このような、現在の「観点別学習状況の評価」にあたる「所見」と「評定」との曖昧な関係は、１９６３年版では一層進んでしまいます。１９６３年版も、「所見」と「評定」の二本立てになりました。「所見」では、１９５５年版に引き続き（縦断的・横断的）個人内評価を実施することが求められました。しかし、各教科の評価の観点は「記入上の注意」に掲載され、「所見」欄の中には示されなくなりました。こうなると、いよいよ「所見」と「評定」との内的な関係が薄れていきます。1973年版もほぼ同じです。そこでこの時期を第2期とし、「所見」（現在の「観点別学習状況の評価」）における（縦断的・横断的）個人内評価と「評定」における「目標に準拠した評価」が並存した時期とします。

③第3期：1981年版、1993年版、2001年版、2010年版

1970年代を通じて高校進学率は90％を超え、全入時代へと向かっていきます。文部省はいわゆる高校多様化路線を取るようになりました。なお、大学志願者数がピークとなるのは1992年です。この頃、偏差値を用いた受験指導による高校教育の歪みが最も問題視されました。

1981年版では、現在の「観点別学習状況の評価」にあたる教科の「所見」欄は廃止となりました。ただし「所見」という名称の欄は残り、現在のように学校生活全体を通じた所見を記す欄となりました。各教科の評価の観点が「記入上の注意」に掲載されることは継続され、全教科に「関心・態度」という観点が加えられました。そして「評定」では、それまで行ってきた「各教科・科目の目標をほぼ達成しているものを3とする5段階評定」という説明を取り

やめ、「学校が地域や生徒の実態に即して設定した当該教科・科目の目標や内容に照らして評価する」ことが要請されました。ただし、「5段階の各段階の評定が個々の教師の主観に流れて客観性や信頼性を欠くことのないよう学校として十分留意する」という注意がなされました。

現在の「観点別学習状況の評価」にあたる「所見」を廃止した理由として、委員の一人は、従来「所見」の記入とその利用が十分に行われていなかったという実態を踏まえたと述べています（中島、１９８２）。それは事実なのでしょう。しかし、各教科の「所見」を廃止する、「評定」は地域や生徒の実態に即して柔軟に評価することを求める、しかも全教科の観点に「関心・態度」が入るという三点そろった改革は、明らかに「評定」において（縦断的・横断的）個人内評価と「目標に準拠した評価」を融合させてしまうものでした（たとえば「しんどい」学校の生徒たちに対して、「作文用紙に何か少しでも書いていれば意欲をみとめて○点つける」といったことです）。文部省もその事態を予測するがゆえに、「個々の教師の主観に流れて客観性や信頼性を欠くことのないよう」と注意を促したのです。

１９８１年におけるこのような体制は、１９９3年版、２００1年版、２０１０年版まで継続します。そこでこの時期を第3期とし、「評定」において（縦断的・横断的）個人内評価と「目標に準拠した評価」が融合した時期であるとします。

④第4期：2019年版

さて、現行の指導要録である2019年版の概要は、本章第1節で述べた通りです。各教科が「観点別学習状況の評価」と「評定」の二本立てになり、そのどちらも「目標に準拠した評価」で実施することが求められました。観点の「関心・意欲・態度」は廃止され、「主体的に学習に取り組む態度」が創設されました。「主体的に学習に取り組む態度」はあくまで「観点別学習状況の評価」に馴染む部分であり、それ以外の部分は（縦断的・横断的）個人内評価の対象であるとして、学校生活全体を対象とした「所見」で評価することになりました。2019年版以降を第4期とし、「観点別学習状況」と「評定」の双方を「目標に準拠した評価」という立場で行う、「目標に準拠した評価」が全面採用された時期とします。

(3) 三観点の評価結果を合算するという方法で「観点別学習状況の評価」を「評定」に総括することがもつ問題点

おそらく読者の先生方は、三観点の評価結果を合算して評定値を算出するという方法で、「観点別学習状況の評価」を「評定」に総括しなければならないと思い込んでいます。しかし紆余曲折の歴史を辿ってくると、少なくとも「観点別学習状況の評価」と「評定」の両者が採用している評価の立場が異なる場合は、「観点別学習状況の評価」を「評定」に総括することは不可能だったということがわかります。では、2019年版のように両者が「目標に準拠した評価」という立場を採用すると、三観点の評価結果を合算するという方法で「観点別学習状況の評価」を「評定」に総括することが可能になるのでしょうか。

三観点の評価結果を合算して「観点別学習状況の評価」を「評定」に総括しなければならないという思い込みに基づいて、現在、三観点の評価結果の色々な合算方法が考えられています。たとえば、「知識・技能」:「思考・判断・表現」:「主体的に学習に取り組む態度」＝1:1:1あるいは2:2:1といった割合を決めて合算し、「評定」をつけるという方法です。この程度だとまだ煩雑さはマシですが、三観点それぞれにおける目標の達成度をABCで表現し

（75％の達成度でAといったように）、「知識・技能」「思考・判断・表現」「主体的に学習に取り組む態度」がAAAであれば「評定」の評定値は5、ABBであれば「評定」の評定値は4といったような手続きを取り決めている自治体も多くあります。非常に面倒で煩雑です。

そこで、ここで立ち止まってください。「観点別学習状況の評価」を「評定」に総括することは可能であり、適切なことなのでしょうか。また総括する方法は、三観点の評価結果を合算するという方法しかあり得ないのでしょうか。以下原理的に考えてみましょう。

①評定を数値でつける必要はない

評定とは、生徒の学習活動の実態を可視化してリアルに把握し、その最終的なでき栄えや良し悪しを判定し値踏みする行為です。この評定に関わって、最も根本的な問題は、評定を数値でつける必要はないということです。評定を3や5といった数値で表現するがゆえに、何がどこまで達成できているのかが不明になるのです。何がどこまで達成できているのかを言語で表現した方が、よほど生徒の学習活動の実態をリアルに表現することができます。また、数値でつけるがゆえに、本来足せないはずの複数の評定を足したりするのです。言語で表現されていたら、国語の「知識・技能」の評定と「思考・判断・表現」の評定を足したり、国語の「評定」

の評定と数学の「評定」の評定を足したりしようとは考えないでしょう。

ただしこのことは根本的な問題であり、いまここで問題にしている「観点別学習状況の評価」を「評定」に総括するという問題の範疇を超えています。それでも、教育活動と一体化して評価を行う際には、評価結果を数値ではなく言語で表現することが重要になりますので、あえてここで指摘しておきます。

②「観点別学習状況の評価」も評定であるため、「評定」の必要性がない

2019年版指導要録に先だって出された報告では、「観点別学習状況の評価」と「評定」は、求められる役割が違うと指摘しています。報告が言うように、指導の文脈においては、各教科における学期ごとの教科の「評定」や学年末の総合評定をつける積極的な意味はありません。「評定」は、指導ではなく生徒の処遇の決定や選抜のために必要なのです。

しかしながら、ここからが重要なのですが、「報告」は「観点別学習状況の評価」も評定であると認め、入学者選抜のために活用していくことが考えられるとも述べています。もし今後「観点別学習状況の評価」も評定であるという認識が広がり、三観点の評価結果がそのまま選抜等に活用されるとしたら、「評定」は不要になります。

これが二番目に根本的な問題です。「観点別学習状況の評価」がすでに評定であるのに、わざわざ「評定」に総括する必要があるのでしょうか。したがって、そもそも「観点別学習状況の評価」を「評定」に総括しない、「評定」欄に評定値を記入しないという選択肢もあり得ます。事実、1949年版には「評定」欄がありませんでした。

いや、「観点別学習状況の評価」も評定ではあるけれども、それと「評定」の評定で求められる役割が違う、だから両方必要だという異論が沸いてきそうです。それなら、「観点別学習状況の評価」と「評定」は異なる種類の評定であると割り切って、異なる手続きでそれぞれの評定値をつけるという考え方もあり得ます。そうすると、三観点の評価結果を機械的に合算する必要はなくなります。ただし、「評定」はまさに処遇の決定や選抜のために必要なのですから、「観点別学習状況の評価」と「評定」とを切り離した場合、「評定」に「他人と比べる」「大勢の中からすぐれた者を選ぶ」という判定、つまり相対評価が入り込むことは想像に難くありません。十分に注意が必要です。

③情意領域は評定すべきでない

その次に重要な問題として、「関心・意欲・態度」や「主体的に学習に取り組む態度」といった情意を含む資質・能力を評定することは適切なのかという問題があります。もちろん、生徒の前向きなやる気や興味・関心（浅いレベルの情意）を沸かせることは重要です。高校ではよく、調子よく講義をしている教師に対して「何のためにこれを学ぶのですか」と言いたげな生徒たちを見ますし、学習する意味がわからずに机に突っ伏している姿や黒板の上の時計や窓の外をじっと見つめている姿も見かけます。また、一見真面目に学習しているけれども、学校の外では学んだ内容を綺麗さっぱり忘れ、学びが自身の生き方につながっていないこともよくあります。したがって、前向きなやる気や興味・関心を評価し、教師が自身の授業改善にいかすことは大変重要です。また単元や学期の終わりに、たとえば「数学は役に立つか」「将来数学を使う職業に就きたいと思うか」といったアンケートを取ったりすることで、集団の全体的な回答傾向からカリキュラムの改善にいかすことも必要です。高校ではもっと情意を評価すべきです。

しかしながら、評価と評定は違います。情意は積極的に評価すべきですが、評価結果を個人の成績評定に反映するのは慎重であるべきです。生徒がやる気なさそうにしていたり興味・関心がなさそうにしていたりするのは、生徒ではなくカリキュラムや授業の問題です。また情意は生徒個人の価値観や思想・信条を含む可能性があるので、それを評定することには慎重であるべきです。加えて、情意のような評定しにくいものを評定しようとすると、エビデンスをそろえることに多大な労力を割くことになるという問題もあります。何らかの方法で評価結果を得たからといって、それをすべて評定化する必要は全くありません。

したがって、情意を含む「主体的に学習に取り組む態度」は評定しないという選択肢が、かつて委員会委員を務めた論者からも提案されています（鈴木、２０２１）。それでも「主体的に学習に取り組む態度」欄に評定値を記入しなければならないのだとしたら、次の二つの選択肢が参考になるでしょう。一つ目は、何らかの形で「主体的に学習に取り組む態度」を評定するとしても、合算して「評定」に総括するのは「知識・技能」と「思考・判断・表現」にとどめるというものです。二つ目は、「主体的に学習に取り組む態度」に関しては3～5段階に分けて評定せずに、「十分満足なレベルに達していれば◯」という程度にとどめるというものです（石井、２０１９）。

④異なる観点の評価結果を合算することはできないし、する必要もない

情意領域ではなく認知領域に関わる観点に明確に限定すると（現行の指導要録の場合ですと「知識・技能」「思考・判断・表現」の二観点）、その評価結果を問題なく合算できるかと言う

と、そうとも言えません。これまでの指導要録改訂のたびに組織された委員会委員も、何度もその難しさを口にしています。

たとえばある委員は「これらの観点からだけの評価を総合するだけで、各教科の評点を出すとまでいいきれるほど、うまく適切に観点をならべることは事実上不可能である」（坂元、1961）と言います。その通りです。筆者たちも前節において指摘したように、「知識・技能」「思考・判断・表現」という観点が、国語科における評価の観点としていかなる場合でも適切な観点であるとは思えません。

別の角度から、ある委員は、「達成度評価は、知識なら知識、技能なら技能、思考なら思考というようななるべく同質的な目標領域（観点）について行わねばならない」（傍点ママ）という原則を示し、異なる観点の評価結果を足し合わせることはできないと述べています（橋本、1982）。

ここで、階層的な学力観について思い出しましょう。資質・能力を階層的に捉えるとは、個別具体的な知識・技能を足し合わせていくことで総合的な資質・能力とみなすという考え方を否定するということでした。「知識・技能」をどれだけ足し合わせても総合的な資質・能力にはならないため、「知識・技能」と「思考・判断・表現」を分けて評価する必要があるのです。

したがって、階層的な学力観に立つと、階層ごとの評価結果を再度足し合わせるということは、「屋上屋を架す」ということになり、基本的には否定されます。そこで、「思考・判断・表現」は「知識・技能」を足し合わせた以上の結果なのだから、「思考・判断・表現」で「知識・技能」と「思考・判断・表現」の全体を代表させるという選択肢も考えられます。

どうしても合算しなければならないとしたら、「知識・技能」と「思考・判断・表現」を足し合わせると考えるのではなく、「評定」の満点を「知識・技能」と「思考・判断・表現」に振り分けると考えた方がいいでしょう。ただしその場合は指導の実態に沿っていることが必要です。たとえば、「1学期には三つの単元を扱った。前半二つの単元は、ほぼ個別具体的な知識の指導に費やしていた。それに対して最後の単元は、前半二つの単元で得た知識を組み合わせて問題解決を行い、レポートを書くという単元だった。この指導の実態に即して、『知識・技能』7割、『思考・判断・表現』3割でいこう。そして『知識・技能』は定期テストで測り、『思考・判断・表現』は授業中に書かせたレポート課題で測ろう」といったように。

(4) 評価の理念に立ち戻る

以上のように原理的な問題を確認すると、三観点の評価結果を合算する一律平等の手続きを用意して、「観点別学習状況の評価」を「評定」に総括することは適切ではないということがわかります。原理的には適切ではなく完璧なものが用意できないと薄々は気がついているからこそ、それでは生徒や保護者に不公平感を生じさせてしまうのではないかという懸念が生まれているのでしょう。

しかし、一律平等の手続きを用意したところで、果たして生徒や保護者は納得するのでしょうか。一律平等の手続きに従って素点から評定値への変換と計算を繰り返すうちに、出てきた数値はもともとの評価結果から遠ざかっていき、もはや「評定」の評定値を見ても、何がどの程度達成できていたのか／いなかったのかわかりません。生徒の学習活動の実態を可視化してリアルに把握するという、最も大事な評価の機能が損なわれています。定期テストの素点の方が学習活動の実態を示していると言ってもいいくらいです。これでは「何がどの程度できているのか知りたい」という生徒や保護者の要求に応えられません。本末転倒です。

また、「観点別学習状況の評価」が「ＡＢＢ」であれば「評定」の評定値は４といった手続きには根拠がありません。「なぜ4なのですか」と聞かれても、「そう決まっているから」としか答えようがなく、「ではなぜそう決めたのですか」と聞かれても答えられません。それで生徒や保護者は納得するのでしょうか。

一律平等の手続きを用意することで、生徒や保護者に「少なくとも不公平ではない」と思わせて「知りたい」という要求を封じ込めるのではなく、やはり、何のために何を教え教えた結果をどう評価するのかについて、自身の教科指導の専門性にかけて、都度丁寧に説明するしかないのではないでしょうか。たとえ結果的に一律平等の手続きで「評定」の評定値をつけるという戦略をとったとしても、日々の教育活動の中では説明と対話を繰り返す必要があるのではないでしょうか。都度丁寧に説明と対話を繰り返した方が、「知りたい」という要求に応えられますし、教育活動と学習活動の改善に直結するからです。評価は改善を目指す行為です。

第3章

観点ごとの評価の場面・頻度と方法

1　形成的評価の可能性

(1) 評価の場面・頻度と方法に関わる懸念の確認

少々成績評定の話題が長くなってしまいました。改めて確認しておきますが、実践の文脈においては、成績評定を厳密に行うことよりも、日々の教育活動の中で評価結果を都度生徒に返し、教育活動と学習活動を改善することの方が重要です。そうすることで、生徒たちを被教育者・被評価者の立場から抜け出させ、学習主体・評価主体になるよう励ますべきです。

筆者たちのこのような主張は、絶えず評価を行うべきだという主張に聞こえるかもしれません。そうすると、読者の先生方は、評価のための記録に時間が割かれて多忙化が進むのではないかと不安になるかもしれません。「観点別評価」を導入すると、多忙化がより一層進むのではないかと危惧している読者の先生もいるでしょう。たとえば、「思考・判断・表現」や「主体的に学習に取り組む態度」を評価するということは、学習の結果ではなくプロセスを評価するということだろうから、毎授業で生徒全員のでき具合を評価し続けなければならないのか、大変な労力がかかるのではないかといったことです。

また、第1章第1節で確認したように、先生方の中には、「思考・判断・表現」や「主体的に学習に取り組む態度」を評価するためには、多様な評価課題を授業時間を含めた多様な場面で採用しなければならない、そうすると授業を担当する教師によって評価の場面・頻度や方法が変わるため平等ではなくなるのではないかという懸念もありました。どう考えたらいいでしょうか。

(2) 形成的評価と総括的評価の区別

以上の問題を追求するために、形成的評価と総括的評価の区別に話題を進めましょう。日本においては、米国のブルーム（B. S. Bloom）が１９７０年代に行った、形成的評価（formative evaluation）と総括的評価（summative evaluation）の区別がよく知られています。ただし、最初に両者を区別したのはブルームではなくスクリヴァン（M. Scriven）でした。スクリヴァンは、新しいカリキュラムを開発する途中でカリキュラムに欠陥を見つけて修正するために行う評価（形成的評価）と、最終的に完成したカリキュラムの良し悪しについての判断（総括的評価）を分けることを意図していました。このようにして慎重に評価された新しいカリキュラムと古いカリキュラムを入れ替えることで、生徒たちの学習を改善しようということです。

ブルームはスクリヴァンの考えにヒントを得つつ、カリキュラムを丸ごと入れかえるといったような大がかりなことをする以前に、教師が指導を工夫し改善すれば生徒たちの学習は改善されると考えました。もちろん学習指導要領（カリキュラム）が改訂されて欠陥が改善されるに越したことはないけれども、現行の学習指導要領のもとでも教師が指導を改善すれば生徒の学習は改善されるということです。

しかしながら、当時の米国では、生徒の成績付けのために単元や学期の終わりに行う評価や、合否の判定のために行う評価しか評価とはみなされていませんでした。指導の終末になってやっと評価していたのでは、指導と学習過程の改善が手遅れになってしまうかもしれません。定期テストの採点をしながら「こんなにもわかってなかったのか」と気がついても遅いのです。そこでブルームは、スクリヴァンから用語を拝借しつつ、生徒の成績や合否の判定を行うための評価を総括的評価と呼び、指導と学習過程に修正を加える評価を形成的評価と呼んで区別しました。

表7　ブルームによる形成的評価と総括的評価の定義
（ブルーム他著、1973を参照しつつ筆者作成）

	形成的評価	総括的評価
目的	指導・学習過程に修正を加える	生徒の成績や合否の判定を行い、教師の活動成果を評価する
時期	指導・学習過程の形成途上	単元、コース、学期の終わり
対象となる学力の質	比較的狭い範囲の個別具体的な内容に関する達成度	比較的広い範囲をカバーする一般化された目標に関する達成度

ブルームはさらに詳しく、目的・時期・対象となる学力の質の三点において形成的評価と総括的評価とを区別しました（表7）。形成的評価は、指導と学習過程に修正を加えるという目的のもと、指導と学習過程の途中に行います。対象となる学力の質は、現在進めつつある単元や授業で扱っている比較的狭い範囲の個別具体的な内容に関する達成度です。それに対して総括的評価は、生徒の成績や合否の判定を行い教師の活動成果を評価するという目的のもと、単元・コース・学期の終わりに行います。対象となる学力の質は、これまで進めてきた単元やコースの広い範囲をカバーするような一般化された目標に関する達成度です。

ブルームの言う総括的評価は、要するに定期テストや学期末レポート等にあたります。ただし、総括的評価で評価すべき対象は、個別具体的な内容に関する達成度である浅いレベルの学力ではなく、深いレベルの学力であることに注意してください。教育活動の節目では、個別具体的な内容ではなくそれらを総合して発揮される学力まで評価すべきだからです。

ブルームはまた、評価を指導と学習過程の修正や改善にいかすという点を強調するために、評価とはフィードバック（feedback）情報を得ることであるという点を重視しました。ここで言うフィードバックとは、効果的な行動を実現するために、自分の行動がもたらした結果を把握し、次のより適切な行動にいかすことを意味します。ブルームは教師に対して、次のより適切な指導にいかすために生徒の誤答分析をすることを薦めています。そうすることで、生徒が混乱したり困難を感じたりしている項目についての情報を得ることができるとブルームは言います。言いかえると、ブルームの評価論においてフィードバック情報とは、生徒にとって理解が困難であり混乱が生じている項目に関する情報を指していました。

(3) つまずきを未然に防ぐ形成的評価

ブルームの形成的評価論は日本でも広く紹介され、これこそ指導にいきる評価であるとして、１９８０年代には形成的評価ブームを引き起こしました。それでは、形成的評価とは具体的にどのような行為なのでしょうか。実はこれまで形成的評価と呼ばれてきた評価実践には様々なものが含まれており、時代が下るにつれてそのイメージが多様化してきました。

ここでは、形成的評価の実践を時代が古い順に三つほど挙げて解説します。ただし、時代が下るにつれて新しい実践が出てきたということであって、現代においても三つすべてが実践されています。また、一人の教師でも時と場合によって複数の形成的評価を使い分けていたり、一時間のうちに複数の種類の形成的評価を行っていたりすることもあります。

一つめは、１９８０年代に欧米においても日本においても広く行われたもので、「つまずきを未然に防ぐ形成的評価」とでも呼ぶべき形成的評価実践です。

①実践例

筆者の手元にある文献に掲載された単元「土佐日記」を事例にしましょう（「京都の国語教育・到達度評価の実践」編集委員会編、１９８０年）。単元「土佐日記」の授業者は、単元の到達目標を次の四つに設定しました。すなわち「語彙：教材中の基本的な古語の意味（及び読み）がわかる」「文法：教材中の基本的な文法事項についての基礎的な知識を身に付けることができる」「形象・主題：語句や文の意味を理解し、格段の情景や作者・人物の心情などを正

表8　自己評価カードの例
（「京都の国語教育・到達度評価の実践」編集委員会編、1980年より筆者抜粋・一部修正）

目標	本文
助動詞「なり」の区別	・男もすなる日記というものを女もしてみむとてするなり。
「係り結び」の結びの流れ	・年ごろよくくらべつる人々なむ、別れがたく思ひて、
助動詞「ぬ」の区別	・急ぎしもせぬほどに、月いでぬ。
助動詞「べらなり」の意味と活用	・桂川わが心にも通わねど同じ深さに流るべらなり。
ー「こそ」…已然形	・中垣こそあれ、一つの家のやうなれば。
完了の助動詞の意味と活用	・天雲のはるかなりつる桂川。・月いでぬ。 ・ある人よめり。・人の心も荒れたるけり。
主語の転換の用法	・夜ふけて来れば
連体形の用法の区別	〔学習と研究〕六

しく読みとることができる。機知に富んだ軽妙な表現がわかる」「文学史：『土佐日記』の作者、文学史上の意義などがわかる」です。

そして語彙や文法の知識が不十分であるために正しく読み進めることができないというつまずきを未然に防ぐために、表8のような文法に関する自己評価カードと語彙に関する自己評価カードを生徒にもたせました。生徒はこのカードを手元に置いて、細かく文法や語彙の正誤についてのフィードバック情報を得ながら教材を読み進めました。また、係り結びが理解できていない生徒が20%もいるというフィードバック情報を教師が得たため、特に文法に関してつまずきが見られた生徒たちに対しては、放課後に集めて回復指導（補習）を行ったということです。

その結果、文法の目標達成に関してはやや頭打ちであったものの、生徒たちは比較的正確に意味を把握し、文学史的意義や作者の心情に関する教師の説明にかなりの理解を示し、旅の苦しみや人情の機微などについても現代と比較したりして興味をもつことができたと、単元「土佐日記」の授業者は報告しています。

このように、１９８０年代に登場した形成的評価実践は、生徒がつまずくことを悪とみなし、つまずきを未然に防ぐために授業過程をスモールステップに分解し、生徒によるスモールステップの達成状況に関するフィードバック情報を教育活動と学習活動の調整にいかすというものでした。

現在でも、生徒が理解すべき内容をスモールステップに分けて、ステップを一つずつクリアしているかどうか確認するということはよく行われています。また、厳密にスモールステップに分けていなかったとしても、授業中に生徒に対して「わからない人は手を挙げて」と促して生徒が挙手すれば再度教えたり、授業終了時に「わかりにくかったところ」のアンケートをとって集約し次の授業でフォローをしたりするといったことも行われています。このようなことは経験の浅い若い教師がよく実践しています。これらもできるだけつまずかせないようにするという意図ですから、「つまずきを未然に防ぐ形成的評価」と言えます。

②留意点

ここで注意してほしいのですが、筆者たちはよく高校の先生方から、形成的評価は指導であって評価でないように思える、形成的評価と指導はどう違うのかという質問を受けます。確かに日本の現場用語である指導はかなり意味が広く、反対に現場用語である評価は意味が狭く実際には評定を意味していることが多いです。したがって形成的評価は、現場用語で言うところの評価より指導に近いように感じられるかもしれません。

しかしながら、形成的評価が提案しているのは、生徒の学習活動の実態をできるだけリアルに把握するということです。大多数の教師は、授業中に生徒たちの学習活動のでき具合をなんとなく把握しながら指導しています。形成的評価の核心は、そのような機会を意図的・計画的に設定し、できる限り学びの実態に迫ろうとする点にあります。したがって、発問と応答を繰り返すという方法でなんとなくでき具合を把握するのではなく、生徒の頭の中をよりよく可視化するような仕掛けが必要になります。たとえば、発問した後に3分時間をとってノートに自分の考えを書かせたり、それに基づいてペアで話し合わせたりするだけで、随分と生徒の頭の中は可視化されます。

(4) つまずきをいかす形成的評価

「つまずきを未然に防ぐ形成的評価」と命名されていたわけではありませんが、このような形成的評価に対しては、１９８０年代当時から批判がありました。批判の中身は大きく分けて二つです。一つは、日本では授業過程において集団での学び合いや集団思考が起こることを良しとしてきたのに、形成的評価は授業過程を個別化してしまうというものです。もう一つは、形成的評価は授業過程を評価で埋め尽くしてしまい、生徒たちが自由に考える余地を奪ってしまうというものです。

①日本土着の形成的評価論の掘り起こし

そこで、日本のすぐれた集団学習の実践を指導と学習過程の改善という視点から再検討し、日本の教師たちの知恵を反映した形成的評価実践を探す努力がなされました。その中で、戦前から戦後にかけて活躍した小学校教師である東井義雄《とういよしお》氏の実践が、日本に土着の形成的評価実践であると再評価されました。

東井氏は子どもの間違いやつまずきに注目しました。ブルームの用語で言うと、子どもにとっての理解困難箇所に関する情報をフィードバック情報として利用していました（念のために言いますが、東井の方がブルームよりも前です）。しかし東井氏は、表面的な正答をだけを追い求めるのは「無駄」であると批判し、「もっと『×』を大事にし、『×』が生まれてきた論理に目をむけ、それを正しく評価すること……、現に今も『×』ではあるが、はじめの『×』とはどんなふうに変わり、どんなふうに高まってきたかに、不断の注目を送るということ」を主張していました（東井、1962）。このように言う東井氏の意図は、子どもたちは生活の中で様々なことを自分なりに考え納得して生きているのであり、それと科学的な教科内容との間にギャップがあるためにつまずきが生じるというものでした。つまり、子どもを学習の主体と位置づけ、子どもが自身の生活の中で得た論理に引きつけて教科内容を学び取る過程を援助しようとしたのです。

②実践例

東井氏の実践は時代が違いすぎますので、最近の事例で説明しましょう。

2011年度の福井県立藤島高校2年生「現代文」において、本書の執筆者の一人である渡邉久暢が実施した、丸山眞男「『である』ことと『する』こと」を教材とした単元です。中学校の論説文教材や高校の評論文教材は、ほとんどの場合Ａ対Ｂという二項対立図式で論理が展開します。それに対してこの教材は、「である」と「する」という二項が単純に対立する二項ではない点、そしてそれら二項を単純に現実に当てはめていない点が特徴です。そこで渡邉は「筆者の主張を的確に捉える」を目標として掲げていました。

渡邉は、単元冒頭から一貫して「筆者である丸山は何が言いたいのか」という発問を生徒たちに投げかけ、生徒たちは教材を読み進めながら自分なりの答えを毎時間ノートに書き、ノートに基づいて活発に話し合いました。しかし、生徒たちはなかなか丸山の主張の核心にたどり着くことができません。単元の中盤では、大部分の生徒たちのノートには、「である」と「する」のバランスが重要という、渡邉から見れば安易な解釈が書かれていました。生徒たちはそれまでの学習を通して二項対立図式を身体に染みこませ、生活場面でも二項対立図式で考えてきたために、二項対立図式を崩す丸山の論理展開についていけなかったのです。これが渡邉にとってのフィードバック情報となりました。

そこで渡邉はフィードバック情報に基づいて指導計画を修正し、教材本文にある「芸術や教養はそのもたらす結果（「する」）よりもそれ自体（「である」）に価値があるという指摘を、身近な具体例で示せ」という課題を出しました。その回答の交流を通して、生徒たちは、「である」

と「する」は単純に対立する二項ではないということに気がつき、教材を最初から再読することで新しい読み方を獲得しようとし始めました。そのとき生徒の一人が書いたノートが左です。

> きっとみんな、「『である』ことと『する』こと」を通じて、考え方が変わったり、もしくは読み始めと終わりで解釈が変わったのだろう。「はじめは○○だと思っていたけど、△△だということが分かった。」といったような書き方の文章がとても多かった気がする。〔中略〕
>
> 内容面的には、丸山氏の主張を「『である』ことと『する』ことのバランスを重視するべき」とまとめている人が多かった。Sさんの意見にもあったけれど、私も、丸山氏ははじめ「する」ことを進めているような印象を受けていた。しかし、「芸術面」や「倒錯」に話が行くにつれて、そうではないことが分かってきた。時と場合によって「する」論理なのか、「である」論理なのかを決断する、または双方の裁量を考える必要があるのだ。〔中略〕
>
> 全体的な流れが分かってきたので、もう一度戻って読んでみると、前よりは少し、丸山氏の主張がくみとれるかなと思う。しかし、「する」と「である」が紙一重であることに気

がついてしまったので、疑問に思う部分や混乱することが増えそうな気もする。

渡邉によるこの形成的評価実践は、東井氏の主張そのものです。すなわち、渡邉は生徒を読みの主体と位置づけ、生徒のつまずき（「である」と「する」のバランスが大事という安易な解釈）が生まれてきた論理（二項対立図式）に目を向け、指導計画を修正することで、生徒たちがもともともっていた論理（二項対立図式）を変化させようとしたのです。

教師が生徒のつまずきを悪とみなして未然に防ぐのではなく、生徒たちがもともともっている知識やものの見方・考え方と新しく学ぶ教科内容との間にギャップがあるためにつまずきが生じると考え、実際につまずきに関するフィードバック情報を得た際には、教師が指導を修正して生徒に乗り越えさせる。これが、日本土着の実践から生まれてきた形成的評価の一つの形です。「つまずきを未然に防ぐ形成的評価」と区別して、「つまずきをいかす形成的評価」とでも呼びましょう。

他教科の例も見てみましょう。たとえば数学ですと、日常生活でも小・中学校生活でも一次関数や二次関数的な数の増え方に慣れ親しんできた生徒たちの多くは、指数関数的な数の増え方がほとんどイメージできません。そのため、サラ金の金利の増え方を例にしながら、一次関数・二次関数的な増え方でのみ未来を予測するとどんな不都合が起こるかを体験させ、指数関数的な数の変化の世界に導いていくといったことです。

生徒にとっての理解困難箇所やつまずきどころを把握することは、経験の浅い若い教師にとっては難しいことです。また若い教師は生徒がつまずくことを自身の授業力量のなさに求めてしまうので、「つまずきを未然に防ぐ形成的評価」を実践しようとする傾向にあります。しかし、ある程度経験を積むと、多くの生徒が共通に間違うポイントや理解困難なポイントがわかってきますし、余裕をもってつまずきを扱うことができるようになります。そうなったら「つまずきをいかす形成的評価」を実践するとよいでしょう。また生徒は常に変化します。経験を積んだベテラン教師にとっても、「今のこの学校の生徒はこんなふうに考えているのか」と生徒理解を深め、この状態のこの生徒たちにどうやってこの内容を教えようかと色々と策をめぐらすことはとても楽しいことでしょう。

(5) 形成的アセスメント

日本が土着の教育実践に立ち返りながら「つまずきを未然に防ぐ形成的評価」から「つまずきをいかす形成的評価」へと形成的評価論を展開させていったのと平行して、欧米（特に英国）でもブルームの形成的評価から新しいものへと形成的評価論は展開していきました。その過程で、formative evaluation という用語に代えて formative assessment という用語が使われるようになりました。２０１０年代に入ると、欧米における formative assessment 論が日本でも紹介されるようになりました。その際、従来の formative evaluation の訳語である形成的評価と区別するために、形成的アセスメントという訳語があてられました。今後、形成的評価に代えて形成的アセスメントという用語を聞くことが増えると予想されます。

興味深いことに、それぞれ独自に展開したにも関わらず、日本の「つまずきをいかす形成的評価」と形成的アセスメントは重なる部分が多くあります。一方で異なる点もあります。少し詳しく見ていきましょう。

①形成的アセスメント論の提唱

形成的アセスメントという概念を最初に提案したのは、オーストラリアのサドラー（D. R. Sadler）です。サドラーはフィードバックを、目指すべき達成目標と現在の状況の間のギャップを埋めることであると定義しました。したがってサドラーにとって良いフィードバック情報とは、単に正解か間違いかという情報や現在の達成状況に関する情報ではなく、学習者にとって利用しやすくかつ目指すべき達成レベルにたどり着くための具体策を教えてくれるようなものであることを意味します。このような考えから、サドラーは、良いか悪いかの価値判断という意味である evaluation ではなく、寄り添うという意味である assessment を採用しました。

サドラーの形成的アセスメントに依拠しますと、評価実践は、教師と生徒が互いに肩を並べて、どのような状態を目指すべきか、それに対していまの自分はどのような状態なのか、そして次に何を学習する必要があるのかについて対話するということになります。形成的アセスメントにおいては、生徒による自己評価が欠かせません。

もちろん、ブルームを離れて日本で独自に発展した形成的評価である「つまずきをいかす形成的評価」も、生徒を学習主体と位置づけつつ、教師の教育活動の修正を通して生徒の学習改善まで実現しています。しかしながら、形成的アセスメントはより自覚的に生徒の自己評価を促している点、そして目指すべき達成レベルにたどり着くために何をしたらよいのかを生徒が理解できるような具体的な情報を返すことを意図している点が、相違点として指摘できます。形成的アセスメントは、「学習者が行く場所」「学習者が今いる場所」に加えて、「そこへの行き方」を重視するのです（サドラーの形成的アセスメントについては、安藤、２０１３を参照）。また、英国のブラック氏とウィリアム氏（Black, P. and William, D.）は、形成的評価の機能に「生徒を動機づける」という機能も加えています（二宮、２０１３）。

②実践例

それでは、「形成的アセスメント」とは具体的にどのような評価実践なのでしょうか。再び渡邉の実践事例をもとに解説しましょう。先ほど紹介した「つまずきをいかす形成的評価」の事例と同じ年度に同じクラスで行った、夏目漱石「こころ」を教材とした単元です（詳細は八田・渡邉、２０１３を参照）。

単元「こころ」では、渡邉は「人物の心情変化について仮説を立てて検証する」という目標を立てていました。そのため、「お嬢さんは策略家なのか」「なぜ私は危篤の父親をおいて先生のもとへ向かったのか」「なぜＫは自殺したのか」といった発問を生徒に投げかけていました。

生徒たちは発問に対する自分なりの答え（仮説＝登場人物の心情変化のストーリー）をノートに書き、ノートに基づいて活発に話し合いをすることで、どの仮説がより確からしいのか考え合っていきました。良い仮説を立てている生徒のノートは、渡邉がコピーしてクラス全員に配布しました。

このような学習活動を繰り返すうちに、生徒たちは、どのような仮説が良い仮説であり、自分の今の仮説はどのくらい良いのかを把握していきました。「Ｋはなぜ自殺したのか」という問いの答え（仮説）をめぐって生徒が書いたノートが左です。

> 他の人のノートを見て思ったことは、多くの人が最初は先生の裏切りや失恋がＫの自殺した理由だと考えていたが、授業を通して、自分の信念とする精進の道に外れてしまったことが自殺の理由だと考え直していた。その他にもＫと先生が旅行に行ったとき先生が「こうして海の中に突き落したらどうする」と言ったとき、Ｋが「ちょうどよい、やってくれ」と答えたことに注目し、そのころからＫは自殺を考えていたと考える人もいた。それらの意見に自分が賛成か反対かはともかく、もっと広い視野をもって本文中の様々なところからＫが自殺した原因のヒントとなるところを見つけるべきだと思った。

このノートを書いた生徒は、仮説＝登場人物の心情変化のストーリーがより確からしくなるためには、ストーリーの構築に用いるエピソードを本文の広範囲から取り上げるべきであることを理解しています。他にも、左のようなノートを書いた生徒がいました。

> 前提として、死んだ理由を複数書いたときに、それらの理由が矛盾していてはいけないと思った。また、○○君のように、はじめに一般的な考え（多くの人が考えているようなこと）を書いて、「それだけでは足りない」などとその理由では完全ではない、また別の理由の方がよいというように見せると、より自分の意見が正しいと思ってもらえると思った。また、全体として筋が通った文章でないと伝わらないと思った。

このノートを書いた生徒は、仮説＝登場人物の心情変化のストーリーがより確からしくなるためには、単なる思いつきではなく、色々なストーリーの可能性を把握しつつ首尾一貫して矛盾がないようストーリーを構築すべきであることを理解しています。

渡邉によるこの評価実践は、当時は形成的アセスメントとは意識していなかったものの、まさに形成的アセスメントです。生徒たちは単元を通して、「学習者が行く場所」「学習者が今い

図7　欧米と日本における形成的評価論の展開（筆者作成）

欧米

	機能
ブルーム形成的評価(formative evaluation)	• 教師が指導・学習過程の途中で指導を修正する

	機能	特徴
形成的アセスメント(formative assessment)	• 教師が指導・学習過程の途中で指導を修正する • 生徒が学習過程の途中で自身の学習を調整する • 生徒を動機づける	• 生徒を自身の学習を調整する主体とみなす • フィードバック情報に関して、生徒にとっての利用のしやすさを重視する • 目標と現在地のギャップがなぜ生じるのかについてはあまり問題視しない

日本

	機能	特徴
つまずきを未然に防ぐ形成的評価	• 教師が指導・学習過程の途中で指導を修正する	• つまずきを未然に防ごうとする • 授業過程をスモールステップに分解し、生徒によるスモールステップの達成状況に関するフィードバック情報を指導・学習過程の調整にいかす

	機能	特徴
つまずきをいかす形成的評価	• 教師が指導・学習過程の途中で指導を修正する • 生徒が学習過程の途中で自身の学習を調整する	• 生徒を自身の学習を調整する主体とみなす • 生徒たちがもともと持っている知識やものの見方・考え方と新しく学ぶ教科内容との間にギャップがあるためにつまずきが生じると考える • フィードバック情報に関して、生徒にとっての利用のしやすさをあまり重視しない

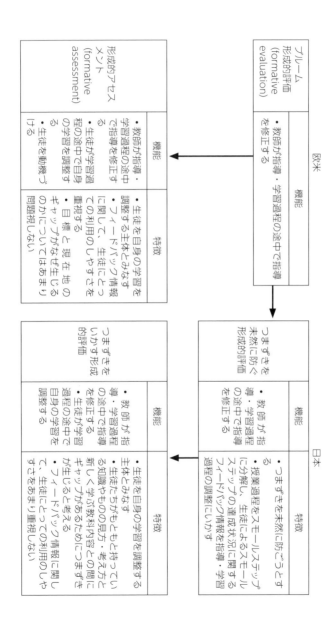

る場所」「そこへの行き方」を理解していきました。その際、同じクラスの生徒の姿で「学習者が行く場所」が示されたことは、多くの生徒にとって利用しやすいフィードバック情報となったと言えます。

しかしながら、現時点における形成的アセスメントは、「学習者が行く場所」と「学習者が今いる場所」のギャップを埋めることは主張するものの、東井のようになぜそのギャップが生まれてくるのかはあまり問題にはしません。筆者たちはそれが現時点における形成的アセスメントの限界であると考えます（図７）。

いずれにせよ、これまで多様な形成的評価が実践されてきたものの、最もすぐれた形成的評価の方法が確定しているわけではありません。特定の方法を絶対視するのではなく、柔軟に実施する必要があります。

2 総括的評価の可能性

(1) 記録に残す評価の場面・頻度

本章の冒頭で確認した「評価し続けなければならないのか」という疑問に戻りましょう。形成的評価（形成的アセスメントを含む）の重要な点は、生徒のつまずきを把握するという点です。したがって、多くの生徒がつまずきやすい理解困難箇所に焦点化して学びの実態を可視化すればよいのであり、授業時間中に絶えず評価し続けなければならないわけではありません。

また、形成的評価はそれを通して得た情報をフィードバック情報として利用することが主要な目的です。したがって、形成的評価の情報は個人の成績評定には用いないという大変重要な原則があります。個人の成績評定に用いるのは、基本的には総括的評価の場面で得た情報です。そうすると、生徒一人ひとりに対する形成的評価の結果をエビデンスとして記録に残す必要もなくなります。クラスの多くの生徒がどこでつまずいているかがわかればそれでよいのです。

このように説明すると、現場の先生方から、次の二つの疑問を投げかけられることがあります。第一に、定期テストとは別に小テストを複数回実施しその結果を成績評定に加えることは、「形成的評価の情報は個人の成績評定には用いない」という原則を破っていることになるのかという疑問です。この疑問は、形成的評価と中間評価（interim assessment）を混同するために生じる疑問です。総括的評価から次の総括的評価への期間が長く空くため、中間段階で総括的評価を行うことを中間評価と呼びます。まさに中間テストやＳＳＨ（スーパーサイエンスハイスクール）事業の中間評価がそれです。小テストはどちらかと言えば中間評価であって、指導と学習過程の調整を第一の目的とする形成的評価ではありません。したがって、小テストの結果を個人の成績評定に反映させるのは問題ないと言えます。ただし、形成的評価を実施せずに小テストばかり実施するという実態があるとしたら、それは大いに問題です。

第二に、形成的評価で得た情報を個人の成績評定に反映させないとしたら、それは結局ペーパーテストの点数が高い生徒に良い成績がつくということになりはしないか、学習の結果がよければ学習のプロセスはどうあってもいいのかという疑問です。

ブルームに立ち返って考えましょう。ブルームによると総括的評価とは、生徒の成績や合否の判定を行い教師の活動成果を評価するという目的のもと、単元・コース・学期の終わりに行うものでした。そして、総括的評価の対象となる学力の質は、これまで進めてきた単元やコースの広い範囲をカバーするような一般化された目標に関する達成度とされていました。

つまり総括的評価の評価課題は、本来であるならば、「思考・判断・表現」を評価するような評価課題も含むべきだということです。総括的評価の評価課題が個別具体的な知識・技能の習得状況を確認する一発勝負のテストになってしまっており、教科の見方・考え方を働かせながら学習プロセスを通して習得してきた複数の知識を組み合わせて使いこなしているかどうかを評価するような課題になっていないために、学習プロセスの全体を評価することができないのです。学習プロセスの全体を通して育まれる「思考・判断・表現」を評価したいならば、形成的評価ではなくむしろ総括的評価の方法を工夫すべきです。

このように、成績評定に使用する評価情報を得る場面つまり記録に残す評価の場面は、基本的には計画的に設定される総括的評価の場面に限定しておくべきです。もちろん、「思考・判断・表現」を評価しようとして定期テストで出題した問題がうまくできておらず、ある生徒が授業中に発揮していた実力を正確に示す結果が出ないこともあります。そのような場合には、総括的評価の評価課題ではなく学習のプロセスで課した学習課題のでき具合に関する情報を、成績評定に反映させることもあり得ます。

ただし、日々生徒に課す学習課題のうち何が成績評定に反映される評価課題になるのかについては、できる限り生徒に開示されている必要があります。なぜなら、どの課題が成績評定に結びつくのかが開示されていないということは、生徒から見たらいつどこで評定されるのかわからないということになり、間違いや理解不十分であることを隠そうとする自己防衛的な態度を育ててしまいかねないからです。また、教師があらゆる場面で記録に残す評価を行い出すと、肝心の指導がおろそかになる危険性があるからです。

(2)「思考・判断・表現」の評価方法

それでは、総括的評価をどうすればよいでしょうか。評価課題を開発する際に重要なことは、第1章第1節で述べた「妥当性」と「信頼性」です。「妥当性」とは、「この問題で測りたい資質・能力を測ることができているのか」を確認するものでした。評価課題を作成するときは、「妥当性」と「信頼性」を兼ね備える必要があると言われます。

ただし、これも先述したように、「この問題で測りたい資質・能力を測ることができているのか」と問う前に、そもそも測ろうとしている資質・能力を実際に指導したのかと問う必要があります。教育評価とは教育活動の良し悪しを評価することですから、実際の指導と評価が対応していることが重要です。そこで最近では、個々の評価方法ではなく評価計画の全体が指導・学習の全体に対応しているかを確認する概念として、「妥当性」に代えて「カリキュラム適合性（curriculum fidelity）」が用いられるようになっています。ここでいうカリキュラムとは、日本でいう学習指導要領ではなく授業や実際の指導を指しています。

「カリキュラム適合性」を念頭に置くと、指導の学習の全体を通して形成される学力の複数の質に応じて、適切な評価方法を採用することが求められます。たとえば、石井氏の言う「知ってる・できる」レベルの学力に関しては、多肢選択問題、正誤問題、順序問題、組み合わせ問題、穴埋め問題などの選択回答式と呼ばれる評価方法が適しています。「わかる」レベルの学力に関しては、自由記述式や作問法（生徒に問題を作成させるという評価方法）といった評価方法が適しています。

そして現在、「使える」レベルの学力（「思考・判断・表現」）の評価方法として、パフォーマンス課題（performance task）が注目を集めています。パフォーマンス課題とは、最も複雑な種類の評価方法であり、筆記によるものもあれば実演によるものもあります。具体的には、論説文やレポート、絵画、展示物といった完成作品（プロダクト）や、スピーチやプレゼンテーション、実験の実施（狭義のパフォーマンス）といった実演が評価されます（西岡、２０１６）。たとえば顕微鏡の使い方といったある特定の技能を実際に実演してみせる実技テストとは異なって、複数の知識・技能を組み合わせて柔軟に使いこなしているかどうかを評価するという点がポイントです。なお、パフォーマンス評価（performance assessment）の定義はなかなか一致を見ないのですが、最も狭い意味ではパフォーマンス課題に基づく評価を意味します。

国語科の場合ですと、「あるテーマに関して読んだ複数のテキストを踏まえて自分の意見文を書く」「『山月記』の李徴はなぜ虎になったのか、最も確からしい仮説を立てる」「受験生に本校をアピールするプレゼン動画を作成する」といった課題が挙げられます。

数学の場合ですと、新出の知識がすでにそれまで出てきたすべての知識を総合していることが多いので、高校数学で学習する複数の知識を組み合わせるというよりも、新出の知識であり最も基礎となる知識に埋め込まれた数学的な見方・考え方を働かせて問題解決できるかどうかを評価するといった評価課題になることが多いでしょう。たとえば、三角比を用いて測量する方法を図で説明するといったように。現在の数学や理科の教科書には、ほとんどの場合、教科の見方・考え方が生活において働く場面がコラムや導入として掲載されています。三角比が測量のために生み出されたことは教科書に掲載されていますし、多くの教師は導入でそのことを話すでしょう。そこで、三角比の学習が終わる頃にもう一度そこに戻ってきて、今度は生徒が自力で三角比を日常の文脈で使いこなせるかどうかを確認するということです。時間と状況が許すのであれば、実際に校庭に出て測量できるかどうか試してもいいでしょう。

現在、パフォーマンス課題を作成する具体的方法が提案され、パフォーマンス課題の事例の蓄積も進んでいます。ただし、形成的評価に関わって述べたように、パフォーマンス課題を作成するための確立した方法があると考えない方がいいです。方法に固執すると目的・目標を見失います。どのような評価方法が望ましいのかだけを考えるのではなく、どんな大人になってほしいのか、大人になるためになぜこの教科を学ぶのか、高校卒業後に大部分の知識・技能を忘れてしまったとしても生徒の中に残っておいてほしいこの教科固有の理解や見方・考え方は何か、そのためにどの時点でどのような理解が確認できればよいのか、その理解（目標）をできるだけ直接的に評価できる評価方法は何かと考えるべきです（バックワードデザイン：西岡、２０１６）。

(3) ステップを踏んだ総括的評価の改革

「カリキュラム適合性」が大事だとしても、学力の質に応じた様々な評価方法を50分という定期テストの限られた時間内にどうやって収め、限られた時間でどうやって採点するのか。パフォーマンス課題に基づく評価は実行可能性に乏しいのではないかという疑問がわいてきます。

そこでまず、「総括的評価＝テスト期間に実施する定期テスト」という習慣から一歩抜けだしましょう。国語科でいうと文法的知識や文学史的な知識といった個別具体的な知識・技能は、小テスト（中間評価）で評価・評定すれば十分であり、わざわざ定期テストに出題する必要はないかもしれません。定期テストの出題内容から個別具体的な知識・技能を除くことで、定期テストで思考する時間を確保することもできます。

しかしながら、パフォーマンス課題には50分のテスト時間で回答できないようなものが多く含まれるため、本格的に実施しようとすると、テスト期間前の授業時間に食い込んできます。また、決まった正解があるような課題でもなく、たとえ他者が出した正解を知ったとしても別解をいくつも出せるようなものであるため、テストのように厳格に「公平性」が確保された場面で出題する必要もありません。そこで、定期テストという形式にこだわらず、成績評定に反映させると生徒に断った上で、授業時間中にパフォーマンス課題に取り組ませるという判断に至るのは必然です。

ただし、定期テストを行わないという決定をすることは、最初のうちは簡単ではないでしょう。また高校の先生方は、形成的評価を通じて知識・技能を確実に習得させつつ、要所で個々の生徒の活用する力まで判定する総括的評価を実施するという、メリハリのある指導と評価の形態にも慣れていません。その状態で一足飛びに、授業期間中に評価課題にもなる学習課題としてパフォーマンス課題を実施した場合、何をどう指導し評価してよいのか、どの評価結果を記録に残すのか、大変混乱するのではないかと思われます。授業は教師一人で行うため、授業者によって評価の機会や方法にばらつきが生じ「公平性」が著しく損なわれるという危険もあります。

そこで、まずは授業者一人ひとりが形成的評価と総括的評価の区別をつけることを意識し、学年教科担任団としてコントロールが可能な定期テストの改善に取り組むことから、総括的評価の改革を始めることを提案します。そして、次の①~④のようにステップを踏んで、「総括的評価＝テスト期間中に実施する定期テスト」という習慣を見直し、いずれは授業改革へとつなげていくのです。②と③については入れ替わるかもしれませんし、平行するかもしれません。

①形成的評価を通じて個別の知識・技能を確実に習得させせつつ、それらを小テストで評価・評定することで、定期テストで思考する時間を確保する。指導の終盤にパフォーマンス課題に取り組ませ、定期テストで再度その課題に取り組ませる。
(例) 授業において「羅生門」を教材として観点を定めて批評するという学習活動を行い、あらためて定期テストでも批評させる。

←
②定期テストに初見のパフォーマンス課題を入れ、取り組ませる。
(例) 授業において「羅生門」を教材として観点を定めて批評するという学習活動を行った上で、定期テストでは初見のテキストである「偸盗」を扱い、観点を定めて批評させる。

←
③指導の終盤にパフォーマンス課題に取り組ませ、レポートにまとめさせる。そのレポートを定期テストの一部とする。

（例）授業において「羅生門」を教材として観点を定めて批評するという学習活動を行い、追加課題を出してレポートにまとめさせる。

↓

④（複数）単元を貫くメインクエスチョンを設定し、毎回の授業でサブクエスチョンを扱うといったように単元を組み立てる。定期テストの一部を、単元の学習成果物（レポートやプレゼン）に代える。

（例）「芥川は人が救済されるということについてどう考えているのか」をメインクエスチョンにして、「羅生門」「偸盗」「地獄変」を批評的に読ませ、レポートを書かせる。そのレポートを定期テストの一部とする。

(4) ルーブリックづくりのポイント

それでは、パフォーマンス課題と呼ばれるような課題に取り組んだ結果生まれてきた学習成果物を、どう評価・採点したらいいのでしょうか。

①評価規準と評価基準

ここで評価の規準と基準という二つのキジュンを区別します。評価規準（criterion）とは、教育目標を参照して評価を行うという意味であり、評価の立場を示す概念です。それに対して基準（standard）とは、規準をより一層具体化したものであり、教師に子どもの目標に対する達成度を把握させるものを意味します。このように規準と基準を分ける意図は、規準が基準まで具体化されていなければ、たとえ目標を参照していたとしても評価者の主観的な判断が入り込んでしまうというものでした（橋本、１９８３）。

そして達成度に関わって、たとえば「二桁の足し算ができる」のような目標であれば「10問中9問正解で達成とみなす」というような量的な判断ができます。しかし、「複数のテキストを読み比べてどちらの方がよりすぐれた論証であるかを評価する」というような目標であれば、９／10のような量的な判断をすることはできません。何らかの質的な判断が必要になります。達成度合いの質的な程度を判断するために生まれてきたのが、ルーブリック（rubric）と呼ばれる評価基準です。ルーブリックには特定の課題を評価するためのものと、様々な課題の評価に用いられる一般的なものがあります。

②実践例

ルーブリックづくりにおいて重要なポイントを指摘するために、事例を紹介しましょう。２０１２年度、福井県立若狭高校1年生「国語総合」を担当していた国語科教科担任団が行った、2学期末テスト問題のルーブリックづくりです。

担任団は、2学期の目標として「複眼的に考えて意見を述べる」という目標を掲げ、評論文の読みに焦点化し、「食」や「メディア・リテラシー」というテーマに関する複数の教材を組み合わせて読ませていきました。その中で、テキストの筆者の主張を「主張―論拠―根拠」という視点から読み解くことや、この視点を意識して異なる立場から反論を述べるという活動を行いました。

そのような活動を踏まえて期末テストでは、初見の文章である、内田樹氏が２００５年4月20日に自身のブログにアップした文章「メディア・リテラシーについて」の一部を提示し、「ことばが聴き手に届くために必要な条件について、あなたはどのような考えをもつか、意見を述べよ（６００字程度）」という問題を出題しました。問題文となった内田氏の主張は、大切なメディア・リテラシーとは、自分がいま発信しつつある情報に対して適切な評価が下せるかどうかだというものです。主張自体に新規性はありませんが、その論拠が「人間は他人の言うことはそんなに軽々には信じないくせに、『自分がいったん口にした話』はどれほど不合理でも信じようと努力する不思議な生き物だから」であるという点に新規性があると言えます。
生徒は６００字程度で意見を述べました。三人の生徒の回答の一部（１５０字前後）を次に示します。

生徒Ａ
自分はこの意見には賛成です。自分が発信していた情報が受け取った人をどのような気持ちにさせるのかが重要で、それを考えるのが大切だと思いました。例えばミクシィなどで、自分は冗談で書いた物でも、相手はそれを信じて傷つくかもしれません。それは「聞き手に対する敬意」が携わっていると思います。

生徒Ｂ
私は筆者の主張に賛成です。情報を受ける側ではなく送る側が適切な評価を下すことが重要だと考える。たとえば、ツイッターは簡単な操作で世の中に情報を送ることができる。

だがその簡単な操作をし、自分が伝えたい情報は受け側の視点によって全く異なるものにもなりえてしまう。情報を送る上で、この情報は真実なのか、適切かなどの自分なりの評価をつけ、情報を整理した上で発信するべきだと考える。

生徒C

僕は、自分がいま発信しつつある情報に対して、適切な評価をするという事はとても大切な事だと思う。例えばツイッターで少し腹の立つ事があったのでその人の事を悪く書き込む。そうすると、自分はその書き込みを見て心から相手が悪いと信じようとしてしまい相手を傷つけているという自覚がなくなってしまう。だから、自分がいま発信しつつある情報に対して自分の発信した情報で他人が傷ついていないかと自分自身に問いかける事が大事なのだと思う。

このような生徒たちの回答を踏まえて、どの回答がすぐれた回答であるかを話し合い、担任団が作成したルーブリックが次です。なお、生徒Cは挙げている具体例が個性的であり、かつ内田の論拠を踏まえたものであるため高く評価されました。

6	筆者の考えに対する賛否を明示した上で、説得力があり、かつ個性あふれる具体的根拠に基づいて意見を提示できている。
5	筆者の考えに対する賛否を明示した上で、説得力のある具体例な根拠に基づいて意見を提示できている。
4	筆者の考えに対する賛否を明示した上で、自分なりの具体的な根拠に基づいて意見を提示できている。
3	自分の意見を述べているが、やや具体性に乏しい。
2	自分の意見を述べようとしているが、具体性がない。
1	自分の意見を述べようとしているが、論点がずれている。

このルーブリックを子細に見ればわかるように、よい意見文のレベルを何となく区切っているのではなく、「提案が明確か」「主張にたどり着く論の運びが明確か（主張—論拠—根拠）」「具

体例に個性があるか」という観点が明確にあることがわかります。つまり担任団は、「複眼的に考えて意見を述べる」という目標の達成度を評価するための目の付け所（石井、２０２０）を明確にしているのです。言いかえると、課題を通して見たい生徒の姿が非常に具体的なのです。したがって担任団は、いったんルーブリックができてしまうと、採点には時間がかからなかったと言います。ルーブリックづくりで行き詰まったり採点に時間がかかったりするのは、多くの場合、目標の達成度を評価するための目の付け所や、課題を通して見たい生徒の姿が不明確なためではないでしょうか。「評価の前にまず目標」です。

「提案が明確か」「主張にたどり着く論の運びが明確か（主張―論拠―根拠）」「具体例に個性があるか」といった目の付け所は、他のパフォーマンスを解釈する際にも働きます。したがって目の付け所を意識すると、単に特定課題ルーブリックだけが増えていくのではなく、汎用性のある一般的ルーブリックができていきます。

特定課題ルーブリックを生徒に公開するかは時と場合によるものの、一般的ルーブリックは公開し教師と生徒で共有しておくべきでしょう。そうすると形成的評価の指針にもなります。筆者の一人である渡邉は、ルーブリックにおける段階の記述語よりも、「提案が明確か」「主張にたどり着く論の運びが明確か（主張―論拠―根拠）」「具体例に個性があるか」といった目の付け所が生徒と教師に意識される点が重要であると考え、目の付け所だけを公開することもあります。

(5)「主体的に学習に取り組む態度」の評価方法

最後に、「主体的に学習に取り組む態度」の評価方法について述べます。ここでは、教科学習の目標になり得る「主体的に学習に取り組む態度」つまり「主体的に学習に取り組む態度」のⅡおよびⅢに限定して提案します。本来ですと、学習に困難を抱えた生徒たちに対して、ひいてはすべての生徒たちに対して、いかに「主体的に学習に取り組む態度Ⅰ」を縦断的・横断的個人内評価の立場で評価し伸ばしていくのかについても論じたいところですが、本書の課題を大きく超えていきますので、ここではⅡとⅢに限定することとします（「主体的に学習に取り組む態度Ⅰ～Ⅲ」の中身については、表4を再確認されたい）。

現在、「主体的に学習に取り組む態度」の評価方法として実践されている方法は、大きく分けて二つあります。第一の方法は、「思考・判断・表現」を評価するパフォーマンス課題を評価課題として設定することで、そこで現れるパフォーマンスの質によって、「思考・判断・表

図8「主体的に学習に取り組む態度」の評価方法（筆者作成）

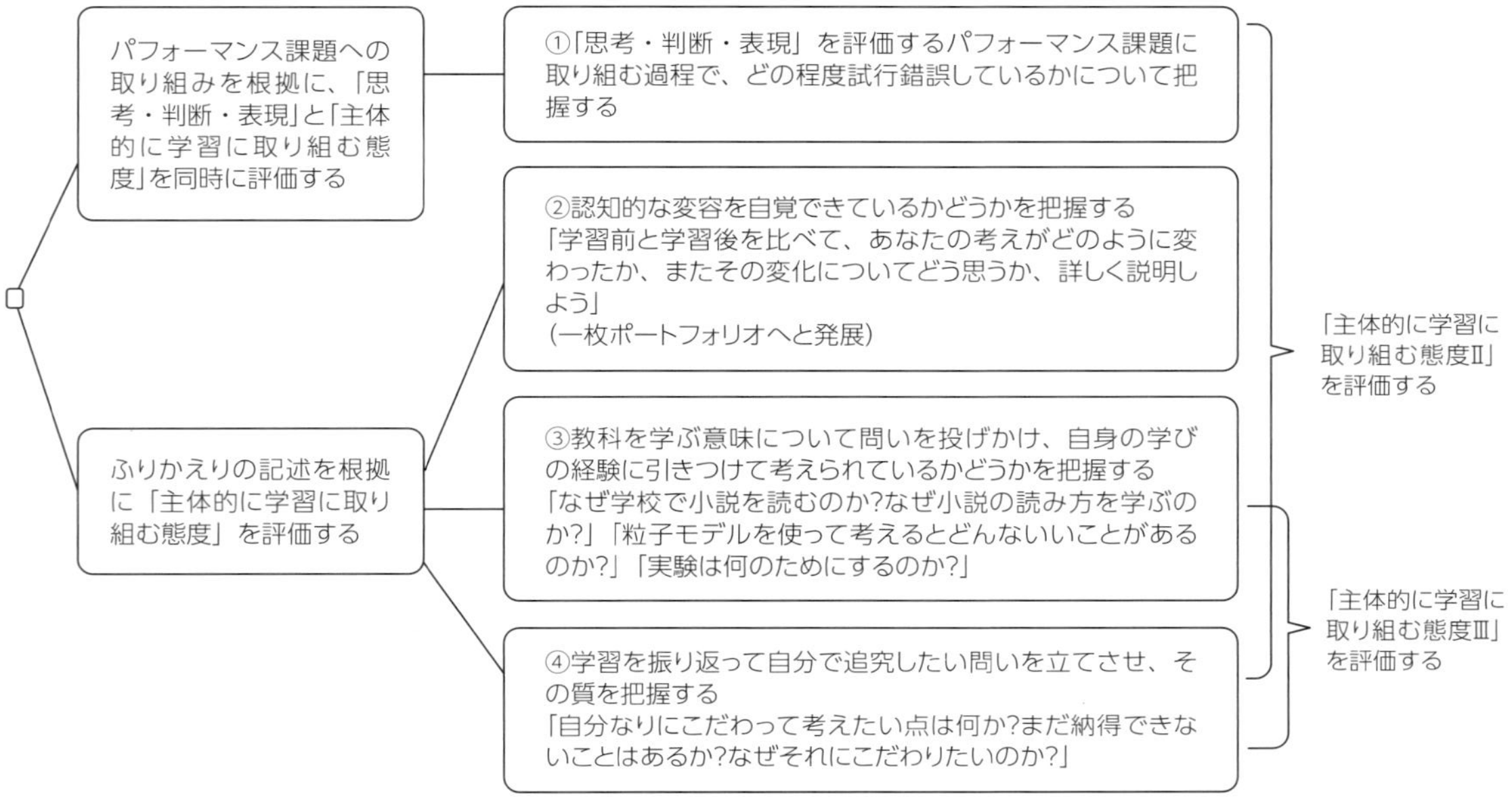
パフォーマンス課題への取り組みを根拠に、「思考・判断・表現」と「主体的に学習に取り組む態度」を同時に評価する
ふりかえりの記述を根拠に「主体的に学習に取り組む態度」を評価する
①「思考・判断・表現」を評価するパフォーマンス課題に取り組む過程で、どの程度試行錯誤しているかについて把握する
②認知的な変容を自覚できているかどうかを把握する
「学習前と学習後を比べて、あなたの考えがどのように変わったか、またその変化についてどう思うか、詳しく説明しよう」
（一枚ポートフォリオへと発展）
③教科を学ぶ意味について問いを投げかけ、自身の学びの経験に引きつけて考えられているかどうかを把握する
「なぜ学校で小説を読むのか?なぜ小説の読み方を学ぶのか?」「粒子モデルを使って考えるとどんないいことがあるのか?」「実験は何のためにするのか?」
④学習を振り返って自分で追究したい問いを立てさせ、その質を把握する
「自分なりにこだわって考えたい点は何か?まだ納得できないことはあるか?なぜそれにこだわりたいのか?」
「主体的に学習に取り組む態度Ⅱ」を評価する
「主体的に学習に取り組む態度Ⅲ」を評価する

現」と「主体的に学習に取り組む態度」を同時に評価するという方法です。第二の方法は、「思考・判断・表現」とは別の評価場面、典型的には「ふりかえり」を書くという場面を設定し、その記述を根拠に「主体的に学習に取り組む態度」を評価するという方法です（若松、2022）。

筆者たちの経験では、「ふりかえり」はそれを生徒に書かせる際に教師が投げかける問いや生徒への働きかけによって、さらに三つに分けることができます。したがって、現在「主体的に学習に取り組む態度」の評価方法として実践されている方法は四つあると言えます（図８）。以下、それぞれの方法の具体とそれが「主体的に学習に取り組む態度」のいずれをいかに評価しているのか整理します。

①パフォーマンス課題への取り組みを根拠にして「主体的に学習に取り組む態度Ⅱ」を把握する

第一の方法は、教科固有の思考力や判断力を十全に発揮しなければならないパフォーマンス課題を評価課題として設定することで、そこで現れるパフォーマンスの質によって、「思考・判断・表現」と「主体的に学習に取り組む態度」を同時に評価するという方法です。その理由としては、教科学習においてより質の高いパフォーマンスを生み出すためには、試行錯誤しつつ粘り強く取り組んだり自己調整したりすることが必要となるため、必然的に「思考・判断・表現」と「主体的に学習に取り組む態度」を一体的に見とることになるというものです。2019年版指導要録の委員会委員を務めた石井氏や同じく委員を務めた西岡加名恵氏も、この方法を提案しています（石井、2019／西岡、2020）。

たとえば、先に示した、内田樹氏の文章を読んで「ことばが聴き手に届くために必要な条件について、あなたはどのような考えをもつか、意見を述べよ（600字程度）」という課題への回答（パフォーマンス）を評価する際に、「思考・判断・表現」と「主体的に学習に取り組む態度」を同時に評価するといったことです。この場合、「思考・判断・表現」と「主体的に学習に取り組む態度」の評価結果はほぼ重なります。

②認知的な変容を自覚できているかどうかを把握する

①は有効な方法ですが、「思考力・判断力・表現力」を育成すれば自ずと「主体的に学習に取り組む態度」も育成されるため、「主体的に学習に取り組む態度」を積極的には育成しなくてよいという提案にも聞こえてしまいます。そこで、「主体的に学習に取り組む態度」を積極的に育成しようとする場合には、「ふりかえり」を書くといった場面に代表されるような、「思

考・判断・表現」とは別の評価場面を設定していく必要があります。

「ふりかえり」の一つ目は、「学習前と学習後を比べて、あなたの考えがどのように変わったか、またその変化についてどう思うか、詳しく説明しよう」といった働きかけのもとに書かせる「ふりかえり」です。これは、教科における重要な概念を学習することを通して生じた認知的な変容を自覚できているかを把握するということです。このような方法が発展していくと、ＯＰＰＡ（One Page Portfolio Assessment）や一枚ポートフォリオと呼ばれる、生徒たちが一枚のシートに学習前・中・後の履歴を簡潔に記録していくことで自己評価する方法になります（ＯＰＰＡや一枚ポートフォリオについては、堀、２０１９；中島、２０１９を参照のこと）。

③教科を学ぶ意味について自身の学びの経験に引きつけて考えられているかどうかを把握する

「ふりかえり」の二つ目は、教科を学ぶ意味について問いを投げかけ、自身の学びの経験に引きつけて考えられているかどうかを把握するというものです。

筆者の一人である渡邉の実践事例を示しましょう（詳細は渡邉、２０１３を参照）。２０１２年度に高校１年生「国語総合」において実施した、芥川龍之介「羅生門」を教材とした単元です。単元第一時に渡邉は生徒たちに本文を黙読するよう指示したものの、黙読している生徒の反応が薄い。そのうち教室のあちこちから「言葉が難しくてよくわからない」「昔の話すぎて意味不明」「全然おもしろくない」「なぜ学校で小説を読まなくちゃいけないんですか」というつぶやきが聞こえてきました。そこで渡邉は授業中に頭の中で単元計画を修正し、「なぜ学校で小説を読むのか」と生徒たちに問いかけ、ノートに記述させました。以下のような記述が出てきました。

- 正直小説なんか読まなくても生きていけるし、小説をあまり読まないので、学ばなくても良い気がする。
- めんどくさくて、苦手な範囲。
- テストで良い点を取るため。
- 小説を読むことは、人生を変えるきっかけになるので、良いと思う。
- 人それぞれ考え方は違うかと思うから、小説を読んで他の人の思いや考えを学ぶことは、良いことだと思います。
- たくさんの本を読むきっかけになると思う。いろいろな作者の思いを知ることができるので、いろんな人の感情がわかる。

・小説の読み方なんて、人それぞれ自由なのだから、そこまで深くは学ばなくてもいいと思う。でも、知っていないといけないこともあるから、少しくらいは学ぶべきなのかなと思う。
・確かに小説の読み方を学ぶと、いろんなことがわかったりすると思いますが、自分の趣味としての読書は自分の親しんできた読み方がいいです。１回読んだだけですべてがわかってしまったら、それはもう純粋に本を読むのを楽しめなくなるから。

このような率直な生徒たちの意見を受け止めつつも、渡邉は精選した読みの方略を教え「羅生門」を読み進めていきました。すると、単元途中に左のようにノートに書く生徒たちが出てきました。

読み方がわかるようになってくると、これまでとは違っておもしろさが格段に上がったと思う。芥川龍之介とか登場人物の、人の心情が深く出ている感じがもっとよくわかるようになるので、そこがおもしろい。探してみればキーワードになるものはたくさんあることがわかった。

そこで単元最終時には、「①（学校に限らず）なぜ小説を読むのか」「②なぜ学校で小説の読み方を学ぶのか」の二点について生徒に書いてもらったところ、以下のような記述が出てきました。

①小説を読むことで発想が豊かになったり、登場人物のちょっとした言動から、気持ちを読み取ることができたりするから。登場人物の気持ちを読み取ることは私たちが人と接する上で気持ちを読み取ることと同じだと思うし、大切だと思う。学校だけでなくたくさんたくさん読むことで感受性も豊かになりやすい。
②①で書いたようなことをより早く正確につかむために読み方を学ぶ必要があると思う。読解力が弱い人は学ぶことにより、今までの自分と全然違った視点から小説を読めると思う、小説が今までより楽しく読めるかもしれない。

①小説にはその登場人物から学べることがたくさんあると思います。羅生門では心情語をマークして、登場人物の気持ちの変化について学びました。そういう気持ちの切り替え方

などが小説から学べると思います。また、小説を読むことは自分の想像力も広げられると思います。いろいろな物語を読むことで、自分の生活にそれを当てはめていくみたいなことができたら良いと思います。

②小説の読み方を学ぶのはその筆者が何を伝えたいのか、この小説はどういう話なのかを読み取るためだと思います。でも小説を完璧に読むことができても社会に出て役に立つわけじゃないし、僕は小説を好きな読み方で読んでも良いと思う。だから、学校で小説の読み方を学ぶのは、「こんな読み方もある」というような小説を読む中での選択肢を広げてくれているのだと僕は思います。小説の読み方が一つじゃないというのを学び、小説をいろいろな観点から読めるようになるとまた小説を読むのが一段とおもしろくなると思います。

当時は「主体的に学習に取り組む態度」などという用語もない時代ですので、この「ふりかえり」はもちろん「主体的に学習に取り組む態度」を評価するつもりで行ったわけではありません。しかしながら、当該教科を学ぶ意味がどれだけ身に染みて実感されているのかを把握するという意図をもって書かせた「ふりかえり」であり、まさに「主体的に学習に取り組む態度」の評価方法と言えるでしょう。

④自分で追究したい問いを立てさせる

「ふりかえり」の三つ目は、「これまでの学びをふりかえって、自分なりにこだわって考えたい点は何か?・まだ納得できないことはあるか?・なぜそれにこだわりたいのか?」などと問いかけ、学習した内容を総括した上で他ならぬこの私が問いたい問いを設定させるという方法です。

実践事例として、筆者の一人である渡邉が2013年度に高校2年生「現代文」で実施した、夏目漱石「こころ」を教材とした単元を挙げましょう（詳細は、八田、2015を参照されたい）。

2012年度に実施した先の単元「羅生門」の実践経験を踏まえて、2013年度の2年生に対しては、四月当初から「何のために評論文を読むのか」「なぜ学校で小説を学ぶのか」といった問いを繰り返し投げかけ、自分なりの考えをノートに書かせてきました。また、1学期に実施した中島敦「山月記」を教材とした単元では、自分なりに「問い」を立てて論文にまとめるということを行いました。

2学期から3学期にかけて行った単元「こころ」では、最後に自ら「問い」を立てて論文を書くことを生徒に知らせた上で、「先生はなぜ私だけに秘密を打ち明けたのか」「Kはなぜ自殺したのか」といった課題を、単元を通して追究させました。単元の終末には実際に論文を書かせました。論文の構成は、「第1章　課題設定の理由」「第2章　課題解決の方法」「第3章　本論」「第4章　ふりかえり」としました。

ルーブリックの一部を示します。当時はそれと意識していたわけではありませんが、「問いの設定」が「主体的に学習に取り組む態度」の一部を評価するルーブリックに、「探究の過程と導かれた結論」が「思考・判断・表現」のルーブリックにあたります。「『問い』の設定」のルーブリックに関しては、その「問い」が小説「こころ」の探究課題として適切かを確かめるものであり、生徒個人の問題意識までは含んでいません。つまり、ルーブリックを用いて評価すべき「主体的に学習に取り組む態度」を、限定的に捉えているということです。

	「問い」の設定	探究の過程と導かれた結論
5	その「問い」が、多様な解釈の可能性をもつ、小説全体、あるいはあるテーマに関する重要な「問い」であることを理解	テキスト全体から、一見関係がなさそうではあるが実は「問い」の解決に関連するような叙述までも拾い上げ、整理し、

	した上で、その「問い」に決めた理由や、決定に至った過程をわかりやすく、論理的に述べている。	可能性のある複数の仮説について検討した上で、説得力のある証拠を用いて結論を作り上げている。
4	その「問い」が、多様な解釈の可能性をもつ、小説全体、あるいはあるテーマに関する重要な「問い」であることを理解した上で、その「問い」に決めた理由や、決定に至った過程を述べている。	テキスト全体から、「問い」の解決に関連する叙述を拾い上げ、整理し、可能性のある複数の仮説について検討した上で、説得力のある証拠を用いて結論を作り上げている。
3	〔以下略〕	〔以下略〕

このルーブリックで高い評価を得た生徒Aが書いた論文の一部を紹介しましょう。生徒Aは、「『先生』と『私』—『私』は何を考えるのか—」というタイトルで、次のような第1章を書きました。まさに自ら設定した問いが、「こころ」の読みにおいて重要であり妥当だということが表現されています。

第1章　課題設定の理由

私は、この本において、「先生の遺書を読み、私は先生のことをどう思い、内容を語っているのか。」という課題を設定した。この課題を設定した理由の一つは、本の構成である。まず、先生と「私」が出会った頃の話があり、次に、「私」と両親、最後に先生と遺書という構成になっている。ここで私は、この本はすべてが終わった後に語られていると考えた。となると、筆者は先生の遺書をわざわざ最後にもってきたということになる。その後どうなったのか、「私」はその後どうしたのかは何も書かれていない。私は、筆者は「私」がどう思い、どう先生を評価し、何を伝えたくてこの本を語ったのかを考えて欲しかったのだろうと思う。

また、授業で先生やＫについての様々な問いや、心情を考えてきたけれど、「こころ」という本全体を改めて見直してみると、この本の語り手である「私」の考えや心情はどうなのだろうかという疑問が生まれた。この疑問は、「私」の存在意義という大きな課題にもつながる。特に、授業中に考えた、「なぜ先生は私だけにすべてを打ち明けたのか」という問いに大きく関係する。他者の意見では、「教訓を私に教えたかった」「私だけは信用することができたから」などが多かった。様々な意見があり、もしそうだったらと仮定すると、それを受けた「私」はどう思ったのかということが重要である。そして、この本の語り手であり、先生の過去、静、Kを知った「私」を考えることで、この本の題名である「こころ」とはどういうことなのかも見えてくるのではないかと思った。このように、この課題を考えることは、この本の核を考えることと同じになるのではないかと思い、この課題を設定した。

生徒Aの「第1章　課題設定の理由」は、ルーブリックに照らして高い評価を獲得し、渡邉はその結果を成績評定にも反映させました。ただし、生徒Aの論文が読み手にとって真に迫ってくるのは「第4章　ふりかえり」です。「ふりかえり」においては生徒Aは、次のような文章を書いています。

第4章　ふりかえり
・批判的に読む
私がこの本を初めて読んだ時、心の中は「嫌いだ」という印象で埋まっていた。私はその理由を、「内容も意味がわからないし、先生は自殺してしまうし、何が言いたいのかわからない」からだと思っていた。しかし、授業で他人と意見を交換し合いながら読み進めていくうちに、自分で自分自身の読みが分かっていなかったから「嫌いだ」と感じたのだと分かった。本のなすままに、素直に物語を読んでいるだけだったのだと。

このことに気づいた私は、すべてが正しいと考えることをやめた。すべてのものに対して批判的な目を向けるようにした。まず、本文全体を批判的に読んだ。すると、事実と、曖昧な部分に、はっきり区別することができた。そして、曖昧な部分を、事実をもとに自分なりの考えで読み進めることができた。さらに、私は他人の意見をも批判的に見た。これは自分の論を展開していく上で、とても重要なことである。自分の読みとは違う読みがあった時、「なぜ私は、その考えに至らなかったのか」を吟味した。この行程を挟むことで、自分の考えがより明確になり、自分の読みに対する根拠を、改めて考えることができた。このようにして、私は自分なりの読みをすることができた。今ではこの本を、「おもしろい」と思えるようになった。

・私自身を読む

ここで、自分なりの読みについて考えてみた。この読みには、何らかの形で、私の主観が表れている。過去の体験、教育、友人関係、恋愛、家族など、私を形成しているすべてのものが、この読みに関わっているのだ。これを、主観だからといってマイナスに考えるのではなく、自分自身を見つめ直すチャンスだと、プラスに考えることが大切である。

私はこの本を通して、自分の価値観や、他人に対する自分の見方について考えさせられた。私は、自分なりの結論を求めていくにつれて、先生を批判するようになった。これは、私の中に、「自殺をした人に同情したくない」という気持ちや、「妻にも語らず、きれいなままで死ぬなんてずるい」「他人を死においやることはしてはいけない」という気持ちがあるから、先生を批判したくなるのだと思った。さらに、私の読み進め方から、私は初めて会う他人を、批判的に見ていることがわかった。それでいて、批判が強い人ほど、後から仲良くなり、心を開くことができるということも分かった。また、論文の結論から、私は、他人との違いをとても気にする人なのだと思った。私は私なのだと主張しているようにさえ思えた。このことから、私は、本当は自己を確立できていないのではないかと思った。

このように、小説を読むことは、自分自身を読むことであると思う。そして、そこから、また新たに自己を形成していくことこそが、小説をよりよく読むことだと、私は思う。

この「ふりかえり」からは、「こころ」を読むという学習活動が、生徒Ａに「このように読む自分」と向き合うことを促し、結果的に生徒Ａは自己認識を形成していったことがよくわかります。このような記述は、良し悪しの段階をつけて評価するようなものではなく、「あなたは小説を読むことを通して、自分自身を読み始めたんだね。小説を通して自分自身を読むことって、自分に対する新たな発見もあって楽しいことでもあるけど、逆に自分の嫌な側面も見えて苦しいときもあるよね。あなたは、この後もいろんな小説を読みたいと思う？次にどんな小説を読んでみたい？」というように、言葉で個別のフィードバックをすればよいことです。もちろん、「観点別学習状況の評価」の対象として成績評定に反映させる必要はありません。

一方で、成績評定に反映されないから、あるいは「観点別学習状況の評価」は「目標に準拠した評価」という立場で実施すべきだからという理由で、教科学習において生徒個人の問題意識を育てる実践にチャレンジしないのは本末転倒ではないかと思います。評価と評定とを分けた上で、教科学習の最終目標を常に念頭に置いて意識しながら、「目標に準拠した評価」と個人内評価を結合させ、生徒一人ひとりを学習主体・評価主体へと育てていきましょう。

【引用・参考文献一覧】

・B・S・ブルーム他著、梶田叡一・渋谷憲一・藤田恵璽（1973）『教育評価法ハンドブック―教科学習の形成的評価と総括的評価』第一法規

・安藤輝次（2013）「形成的アセスメントの理論的展開」『関西大学学校教育学論集』3

・石井英真（2019）「新指導要録の提起する学習評価改革」石井英真・西岡加名恵・田中耕治編著『小学校新指導要録改訂のポイント』日本標準

・石井英真（2020）「『評価（Assessment）』を指導や学習に生かす」『授業づくりの深め方―「よい授業」をデザインするための5つのツボ』ミネルヴァ書房

・遠藤貴広（2021）「相対評価と絶対評価」「認定評価」「個人内評価」「到達度評価」「目標に準拠した評価」西岡加名恵・石井英真編著『教育評価重要用語事典』明治図書

・大内茂男（1955）「改訂指導要録の様式とその記入について」文部省初等教育課編集『初等教育資料』1955年10月号

・大内茂男（1956）「改訂指導要録の『学習の記録』―どういうふうに改訂されたか」『児童心理』1956年6月号

・大島文雄（1955）「指導要録の改訂について」『初等教育資料』1955年9月号

・「京都の国語教育・到達度評価の実践」編集委員会編（1980）『京都の国語教育到達度評価の実践　中

学・高校編』地歴社
・国立教育政策研究所教育課程研究センター（2021a）『「指導と評価の一体化」のための学習評価に関する参考資料　高等学校国語』東洋館出版社
・国立教育政策研究所教育課程研究センター（2021b）『「指導と評価の一体化」のための学習評価に関する参考資料　高等学校数学』東洋館出版社
・坂元彦太郎（1961）「指導要録改訂の趣旨」『初等教育資料』1961年3月号
・庄司和晃（1965）『仮説実験授業』国土社
・鈴木秀幸（2021）『これだけはおさえたい学習評価入門─「深い学び」をどう評価するか』図書文化
・田中耕治・西岡加名恵（1999）『総合学習とポートフォリオ評価法─総合学習でポートフォリオを使ってみよう！』日本標準
・田中耕治（2002）『指導要録の改訂と学力問題─学力評価論の直面する課題』三学出版
・田中耕治（2010）『新しい「評価のあり方」を拓く─「目標に準拠した評価」のこれまでとこれから』日本標準ブックレット
・東井義雄（1962）「評価における無駄」「現代教育科学」1962年5月号
・中央教育審議会初等中等教育分科会教育課程部会（2019）「児童生徒の学習評価の在り方について（報告）」2019年1月21日
・中島章夫（1982）「高等学校生徒指導要録の改訂の要旨」『中等教育資料』1982年5月号
・中島雅子（2019）『自己評価による授業改善─OPPAを活用して』東洋館出版社

・西岡加名恵（2016）『教科と総合学習のカリキュラム設計―パフォーマンス評価をどう活かすか』図書文化
・西岡加名恵編著（2020）『高等学校　教科と探究の新しい学習評価―観点別評価とパフォーマンス評価実践事例集』学事出版
・二宮衆一（2013）「イギリスのARGによる『学習のための評価』論の考察」『教育方法学研究』38
・日本テスト学会（2010）『見直そう、テストを支える基本の技術と教育』金子書房
・橋本重治（1982）「教育評価と生徒指導要録」『中等教育資料』1982年5月号
・橋本重治（1983）「教育評価基本用語解説」「提言―教育評価における『規準』と『基準』をどう使いわけるか」『指導と評価』1983年7月臨時増刊号
・八田幸恵・渡邉久暢（2013）「探究を導く『問い』を設定する能力の育成―高校国語科現代文『こころ』の授業を通して（2）」『教師教育研究』6
・八田幸恵（2015）『教室における読みのカリキュラム設計』日本標準
・林部一二（1955）「指導要録の改訂について」『中等教育資料』1955年9月
・藤沢伸介（2002）『ごまかし勉強（上）　学力低下を助長するシステム』新曜社
・鋒山泰弘（2006）「『観点別評価』と到達度評価」『追手門学院大学教職課程年報』14
・堀哲夫（2019）『新訂一枚ポートフォリオ評価OPPA』東洋館出版社
・文部省学校教育局長（1948）「小学校学籍簿について」1948年11月12日
・文部省初等中等教育局長「中学校、高等学校の生徒指導要録について」1949年8月25日

・文部省初等中等教育局長（1955）「小学校、中学校および高等学校の指導要録の改訂について」（1955年9月13日）
・文部科学省初等中等教育局（2019）「小学校、中学校、高等学校及び特別支援学校等における児童生徒の学習評価及び指導要録の改善等について（通知）」2019年3月29日
・若松大輔（2022）「観点別評価との付き合い方」宮崎亮太・皆川雅樹編集『失敗と越境の歴史教育―これまでの授業実践を歴史総合にどうつなげるか』清水書院
・渡邉久暢（2013）「読みに関する理解を育む「問い」の構造―『羅生門』を学習材とした授業実践を通して」『福井大学教育実践研究』37

著者プロフィール

八田 幸恵（はった・さちえ）

大阪教育大学総合教育系准教授

大阪府生まれ。1999年3月、大阪府立茨木高等学校卒業。2008年3月、京都大学大学院教育学研究科博士後期課程学修退学。

2008年4月、福井大学講師。2011年9月、京都大学大学院教育学研究科教育科学専攻博士後期課程修了博士（教育学）学位取得。2013年4月より現職。

主な著書に『新しい教育評価入門――人を育てる評価のために』（有斐閣、分担執筆）、『小学校指導要録改訂のポイント』（日本標準、分担執筆）、『教育評価重要用語事典』（明治図書、分担執筆）等。

渡邉 久暢（わたなべ・ひさのぶ）

福井県教育庁高校教育課参事（高校改革）・福井大学客員准教授

福井県生まれ。1991年に母校である福井県立若狭高等学校の教員として教職をスタート。2006年3月に兵庫教育大学大学院修了。福井県指導主事、県立藤島高等学校教頭などを経て、2023年4月より現職。福井県立学校の魅力化増進、特に探究的な学びを中心としたカリキュラム構築を支援・伴走している。

詳しいプロフィールはこちら

http://www.mitene.or.jp/~kkanabe/

主な著書に『高等学校　教科と探究の新しい学習評価』（学事出版、分担執筆）、『高等学校 真正（ほんもの）の学び、授業の深み』（学事出版、分担執筆）、『高等学校「探究的な学習」の評価』（学事出版、分担執筆）等。

高等学校　観点別評価入門

2023年 9 月28日　初版第 1 刷発行
2023年12月28日　初版第 2 刷発行

著　　者　八田幸恵・渡邉久暢
発 行 人　安部英行
発 行 所　学事出版株式会社
101-0051　東京都千代田区神田神保町1-2-5
TEL　03-3518-9655
H P　https://www.gakuji.co.jp

編集担当　二井　豪
デザイン　弾デザイン事務所
印刷・製本　電算印刷株式会社

ISBN 978-4-7619-2963-3　C3037　Printed in Japan